화상수업, 강연을 위한

줌을 알려줌

화상수업, 강연을 위한

줌을 알려줌

줌 유격대 (고정욱, 김원배, 정병길, 정은상) 지음

비전코리아

머리말

선생님 안녕하세요?

건강은 괜찮으신지요? 염려 덕분에 저희도 잘 있습니다.

예상치 못했던 코로나19의 대유행으로 전 세계가 고통받고 있습니다. 교육계나 지식생태계도 역시 다를 바가 없습니다. 나날의 일상이 얼마나 소중한지 알 수 있게 되었습니다.

저희는 열정적인 선생님이 걱정됩니다. 교단에서 학생들 가르치는 것에 만족하지 않으시고 자기계발 열심히 하시면서 학교 밖에선 동호인들도 지도하시고, 기업이나 지자체, 그리고 도서관에서 특강도 많이 하셨잖아요. 교육계와 강연계에서 선생님의 이름을 모르는 사람이 없을 정도니까요. 강연료 많이 받았다고 크게 한턱 쓰시던 게 엊그제 같습니다.

어디 그뿐인가요? 선생님의 책은 서점의 베스트셀러 코너에서 내려올 줄을 몰랐습니다. 학교에선 능력을 인정받아 각종 보직을 휩쓸었지요. 게다가 아집과 권위에 빠진 사람들을 뽕망치로 각성시키고 수백 명을 직접 가르치시며 협회나 조합, 법인 등을 만들고 전시회와 여행 등 다양한 대외활동을 하시며 그간 너무 열심히 사셨죠. 그렇기에 코로나19의 여파로 선생님께서 겪으실 고통이 피부로 느껴집니다.
엎친 데 덮친다고 코로나가 물러가기만 기다리고 있는데 난생 해보지도 않은 화상수업, 화상강의를 하라고 학교와 사회에서 강하게 압박을 해옵니다. 안 해본 것을 하려니 두렵기 짝이 없으시죠? 모든 행사나 모임, 그리고 사교가 위험한 것, 하지 말아야 할 것이 되어버린 요즘, 강연도 끊기고 생계가 염려되는 것이 당연합니다. 시한폭탄의 초침이 재깍재깍 가고 있으니 뭐라도 하지 않으면 안 될 급박한 상황이 되고 말았습니다.
하지만 선생님. 이것은 큰 기회라고 저희는 생각합니다. 코로나로 인해 기존 패러다임이 다 무너졌습니다. 새롭게 교사나 강사의 능력을 원점에서 다시 평가할 수 있는 계기가 온 것입니다. 이런 기회를 잡지 못하면 어쩌면 선생님은 보수적이고 권위적인 교사, 자기자랑이나 늘어놓는 삼류 강사, 라떼를 들이키는 꼰대, 은퇴해서 빌빌거리는 퇴직자로 남게 될지 모릅니다.
살아남은 자가 강자입니다. 새로운 물결에 쓸려가지 마시고 멋지게 서프보드를 준비해 올라타세요. 저희가 고통받는 선생님을 위해 작은 선물을 준비했습니다. 화상회의 프로그램의 절대강자인 줌(Zoom)을 지금부터 가르쳐 드리겠습니다. 저희가 먼저 실행해보고 겪은 성과나 실수, 도전과 시행착오를 낱낱이 공개합니다. 저희의 가르침만 그대로 따라 하시면 기회의 문은 활짝 열립니다. 아주 쉽습니다. 줌을 통해 학교 강의, 외부 강연도 다 하실 수 있고, 각종 회의와 미팅도 가능합니다. 동영상 촬영이나 멘토링과 코칭도 얼마든지 가능합니다. 물론 저희는 이미 다 하고 있습니다. 더 좋은 점은 이 모든 일을 선생님의 거실이나 서재에서 하실 수 있다는 사실입니다. 놀랍지 않습니까?

세상의 변화에 가장 능동적으로 앞장서는 것이 교육자이고 강사입니다. 선생님의 멋진 콘텐츠가 온라인으로 수강생에게 다가가고, 훌륭한 자료와 열정적인 강연이 랜선을 타고 실시간으로 생생히 전달될 수 있습니다.

선생님, 희망을 품으세요. 세상은 먼저 도전하고 먼저 온몸을 던지는 자의 것입니다. 저희가 도와 드리겠습니다. 힘차게 이 책의 다음 장을 넘기세요. 헉슬리가 말한 '멋진 신세계'가 열릴 것입니다. 선생님이 하실 일은 그저 온몸을 풍덩 던지는 일뿐입니다.

그럼 잠시 후 줌에서 만나요. 아 참, 커피 한잔 모니터 옆에 준비하시고요.

2020년 여름
줌 유격대 올림

차례

CHAPTER 03

화상강연의 전략과 기법

CHAPTER 04

화가가 줌은 왜?

부록

CHAPTER

01

줌이 도대체 뭐야?

정은상

1 줌이 뭐가 다른데?

화상회의와 강연을 위한 여러 가지 서비스가 있다. 대표적인 서비스로는 줌(Zoom), 웹엑스(Webex), 구글 미트(Meet), 스카이프(Skype) 등이 있는데 그중에서 사용자들로부터 가장 사랑을 많이 받는 서비스가 바로 줌이다.

줌은 미국 캘리포니아 산호세에 본사를 둔 줌 비디오 커뮤니케이션(Zoom Video Communications, Inc.)의 CEO 에릭 유안(Eric S. Yuan)이 장거리 연애를 하다 아이디어를 얻어 2011년에 만든 서비스이다.

[1-1] 줌은 4억 명 이상이 다운로드한 화상회의 어플리케이션이다.

2019년 말 시작된 코로나바이러스 팬데믹(Pandemic)으로 인해 줌은 단번에 스포트라이트를 받기 시작했다. 일부 보안에 대한 우려가 있음에도 불구하고 워낙 설치와 사용이 편리하고 소비자들의 다양한 요구사항을 대부분 충족하기 때문에 인기가 많다.

줌 보안에 대한 우려는 누구든지 쉽게 회의나 강연에 참가할 수 있다는 데 있다. 이건 줌의 회의 내용이 외부에 공개될 수 있다는 뜻이다. 또한 영상과 음성 데이터가 암호화되지 않은 점도 지적되고 있고, 서버가 중국을 경유한다는 점도 위험요소로 보고 있다. 그러므로 국가나 기업 또는 개인이 보안에 신경을 써야 하는 경우라면 줌을 사용하지 않는 것이 좋다.

하지만 보안에 관한 염려가 없는 일반인의 경우에는 사용하는 데 큰 문제가 없다. 줌은 마치 10여 년 전 페이스북의 인기가 급상승했을 때 동종 IT 업계의 무차별 견제가 쏟아졌던 것처럼 현재 구글, MS, 시스코 등의 견제를 크게 받고 있다고 생각하면 된다.

줌의 장점은 화상회의와 강연을 위한 기능을 모두 갖추고 있다는 점이다. 특히 공유 기능이 탁월해서 문서, 사진, 화이트보드, 강의를 위한 슬라이드, 컴퓨터 화면, 스마트폰 화면, 동영상, 유튜브 등을 참가자 모두에게 보여줄 수 있다. 그리고 컴퓨터에서는 줌 회의나 강연 장면을 녹화할 수도 있다.

특히 우리나라에서 줌이 각광받는 것은 조만간 현실화할 5G 시대와 맞물려 있기 때문으로 분석된다. 원활한 통신이 생명이라고 볼 수 있는 줌에게 날개를 달아 준 셈이다. 그래서 줌에 대해 제대로 배우고 익히면 다른 어떤 종류의 화상회의와 강연을 위한 서비스도 쉽게 이해하고 사용할 수 있게 될 것이다.

줌의 적용 대상은 무척 다양하다. 가까운 가족이나 친구는 물론, 학교나 기업, 국가에 이르기까지 모두가 대상이 된다. 종교 집회나 소모임에도 적합하고 독서 모임에도 좋다. 줌으로 대중 강연도 할 수 있고 ID와 비밀번호를 사용해서 유료 모임도 할 수 있다.

줌은 매일 진화하고 있다. 수시로 버그(Bug)를 수정하거나 새로운 서비스를 추가하기 때문에 앱을 업데이트하라는 메시지가 나오면 매번 실행하는 것이 좋다. 줌 사용자가 점점 많아지면서 그들의 요구사항을 받아들여 좀 더 나은 서비스로 변해갈 것이다.

2 줌 하려면 뭘 준비해야 해?

먼저 줌 강의를 하기 전 직접 얼굴을 맞대고 하는 강의와는 다르게 여러 가지 제약 사항이 있음을 모두가 이해해야 한다.

아무리 무선통신 기술이 크게 발전했다고는 하지만 여전히 줌 서버(Server)의 불안정성, 개최자나 참가자의 무선 인터넷 환경에 크게 영향을 받게 된다. 또한 스마트폰이나 노트북의 작은 화면으로 오랜 시간을 집중하기 어렵다.

이런 점을 고려해서 줌 매너를 먼저 알려 주면서 공감대를 형성하는 것이 좋다. 예를 들면, 강연자의 말에 집중하기 위해 전체 음소거를 하고 필요할 때 마이크를 켜서 대화할 수 있도록 하거나 강의 도중 채팅방을 이용해서 미리 질문을 올려놓으면 나중에 강연자가 대답하는 방식이다.

줌은 어디까지나 회의와 강연을 화상으로 하기 위한 도구에 불과하다. 줌을 통해 강연이나 회의를 개최하는 사람은 정확하게 어떤 결과를 거둘 것인지 예견하고 미리 철저하게 준비해야 한다.

아울러 줌 사용 도중 통신이 두절되거나 줌 서버에 문제가 발생하는 등 돌발 상황에 대비해 당황하지 않도록 플랜 B를 항상 준비해야 한다. 이에 대해서는 뒤에 자세히 언급하겠다.

3 나 같은 줌 초보자도 할 수 있을까?

1) 스마트폰으로 줌에 참가할 수 있나?

무엇보다 처음 줌을 접하면 자신도 모르게 긴장하게 되는데 절대 두려워할 필요가 없다. 이렇게 두려워하지 말라고 당부하지만 대다수 처음 줌을 접하는 초보자들은 겁부터 먹는다.

차라리 줌을 게임이라고 생각하는 편이 낫다. 스마트폰이나 컴퓨터로 즐기는 게임처럼 생각하라는 뜻이다. 가벼운 마음으로 진정성을 갖고 화상 강연에 임하면 상대방도 편해진다.

교사·강사라면 오프라인에서 강연이나 수업했던 기억을 되살리면 된다. 다시 강조하지만 줌은 수단이지 목적이 아니다. 그럼에도 불구하고 초보자는 일단 줌의 기본적인 기능을 어느 정도 먼저 이해해야 도구를 잘 활용할 수 있다.

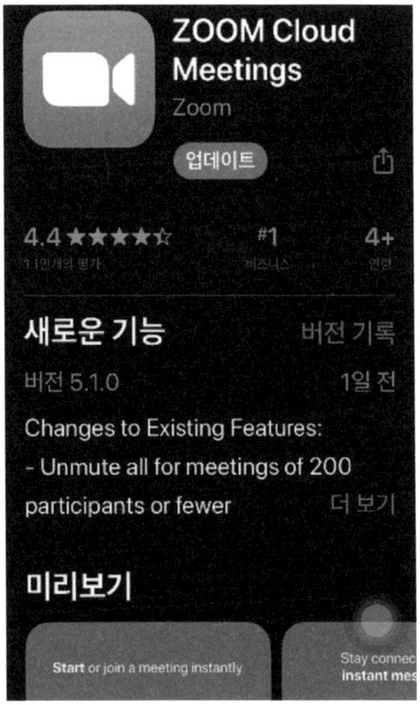

[1-2] 줌 어플

스마트폰을 사용하는 회의 참가자는 플레이 스토어나 앱 스토어에서 'ZOOM Cloud Meetings'를 다운로드하면 된다. 다운로드가 끝나면 카카오톡이나 문자 또는 이메일을 통해 회의 개최자가 보내온 줌 참가를 위한 링크 주소를 누르기만 하면 된다. 단순 참가자는 회원 가입을 할 필요조차 없다

2) 노트북으로도 줌 참가 가능할까?

노트북을 사용하는 참가자는 줌 본사 홈페이지(http://zoom.us)에 들어가 〈회의 참가〉를 누르고 회의 ID 또는 개인 링크 이름을 통해 회의에 참가한다.

노트북이나 데스크톱 사용자는 본사 홈페이지 아래에 있는 〈회의 클라이언트〉를 다운로드해서 웹앱(Web App)을 설치해 두면 편리하다.

[1-3] 줌 본사 홈페이지 화면

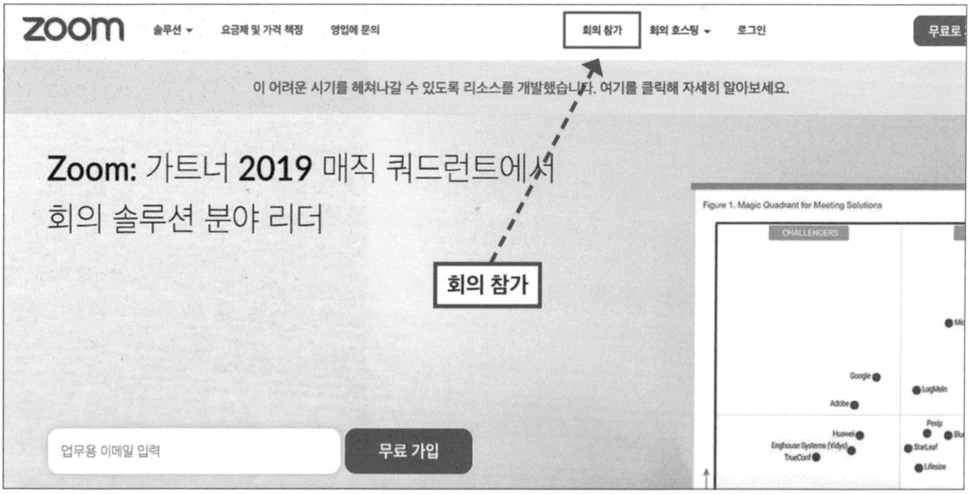

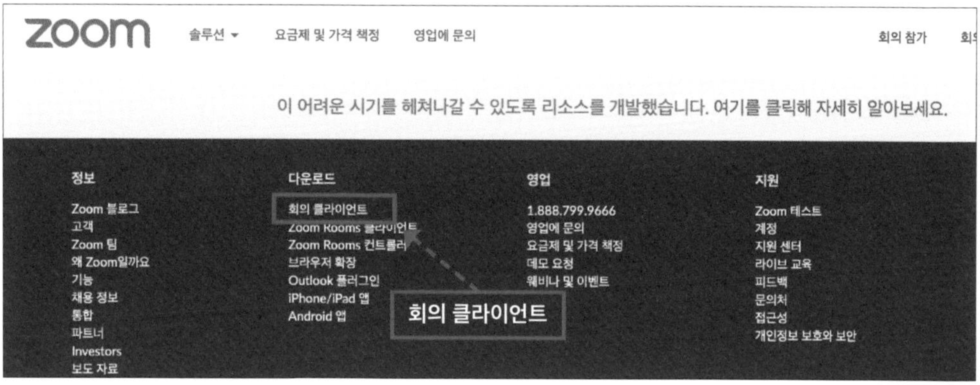

[1-4] 데스크톱에서 줌을 사용하려면 〈회의 클라이언트〉를 설치해야 한다.

3) 초보자가 회의를 개최할 수 있다고?

물론 단순 참가자가 아니라 회의를 개최해야 한다면 회원 가입이 필요하다. 회원 가입은 스마트폰이나 노트북에서 간단하게 할 수 있다. 회원 가입 절차는 뒤에 나오는 '4. 중급자가 알아야 할 줌의 기능'을 참고하면 된다. 어렵지 않다.

4) 초보자가 뭘 준비해야 하는데?

마이크와 카메라를 먼저 점검해야 한다. 스마트폰에선 대부분 큰 문제가 없지만, 노트북이나 데스크톱의 경우는 마이크와 웹캠이 제대로 작동하는지 여부를 미리 점검해야 한다.
그래서 줌은 항상 회의를 개최하거나 참가할 때 먼저 마이크와 카메라를 점검하는 절차를 밟는다. 복잡한 과정은 아니더라도 조금만 신경을 쓰면 훨씬 더 나은 오디오와 비디오 환경을 갖출 수 있다.

5) 디바이스 종류에 따라 어떻게 다르지?

디바이스는 크게 모바일과 컴퓨터로 나눈다. 모바일은 아이폰, 안드로이드폰(삼성, LG 스마트폰 등), 아이패드, 갤럭시탭을 말한다. 컴퓨터는 노트북과 데스크톱으로 분류하는데 여기에 애플에서 나온 맥북도 포함된다.
대표적인 탐색기는 인터넷 익스플로어, 구글 크롬, 애플 사파리 등이 있는데 이 중에서 애플 사파리를 사용하는 아이폰, 아이패드, 맥북에서는 회의에 참가할 때 사파리로 열어야 하는 경우가 있다. 당황하지 말고 키를 한 번 더 눌러 사파리로 열기만 하면 된다.

6) 디바이스에 따라 메뉴 화면이 다르게 보일 때

줌 메뉴 화면이 모바일과 컴퓨터에서 다르게 보이는 것은 사용하는 OS(운영체제)와 크기의 차이 때문이다. 물론 줌만 그런 게 아니라 다른 프로그램도 마찬가지다. 삼성이나 LG 등의 스마트폰이나 태블릿은 구글 안드로이드 OS를, 아이폰과 아이패드 및 맥 컴퓨터는 iOS를, 보편적으로 사용하는 노트북과 데스크톱은 MS 윈도

우와 구글 크롬을 혼용해서 사용하고 있다.

모바일은 이동하기 편리하지만 컴퓨터보다는 하드웨어나 소프트웨어 사양이 뒤떨어진다. 카메라 기능은 모바일이 월등하게 낫지만 그 외의 기능은 컴퓨터보다 떨어진다고 생각하면 맞다. 그래서 줌에서도 〈기록(녹화)〉과 참가자를 25명까지 한 화면에 볼 수 있는 기능은 컴퓨터에서만 가능하다.

모바일은 컴퓨터 스크린에 비해 월등히 크기가 작기 때문에 모든 기능을 화면에 보여 주기 어렵다. 그래서 〈…〉 으로 표시해 두고 더보기를 할 수 있게 해 두었다. 스마트폰이나 갤럭시탭 또는 아이패드에서는 하나의 화면에 참가자를 4명까지밖에 볼 수 없다.

이런 디바이스 기능을 충분히 이해하면서 줌을 사용하면 도움이 될 것이다.

4 중급자가 알아야 할 줌의 기능

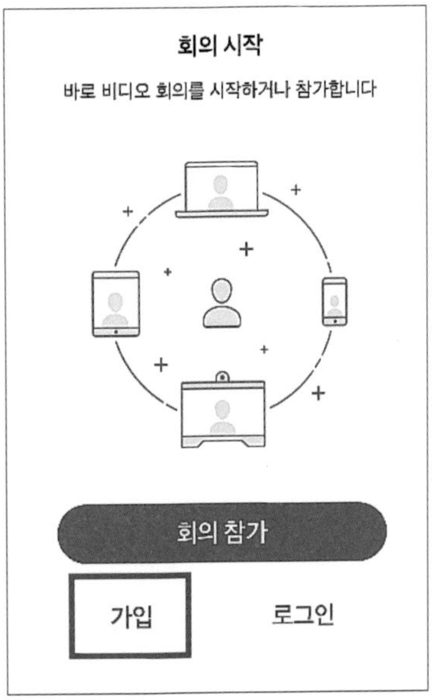

[1-5] 줌을 처음 시작한다면 〈가입〉을 눌러 계정을 생성하자.

줌의 기본기를 어느 정도 익혔다면 이제 본격적으로 줌 회원으로 가입하고 줌이 제공하는 기능을 활용해 볼 차례다. 회원 가입은 이메일 주소를 사용해서 가입하거나 구글이나 페이스북을 통해 가입할 수도 있다. 이 경우는 구글이나 페이스북의 비밀번호만 기억하고 있으면 된다.

1) 스마트폰으로 회원 가입을 한다고?

스마트폰에서도 회원 가입이 가능하다. 절차는 노트북과 데스크톱 컴퓨터와 동일하다.

2) 노트북이나 데스크톱에서 회원 가입할 때

단순 회의 참가자는 회원 가입이 필요없지만 회의를 개최하는 사

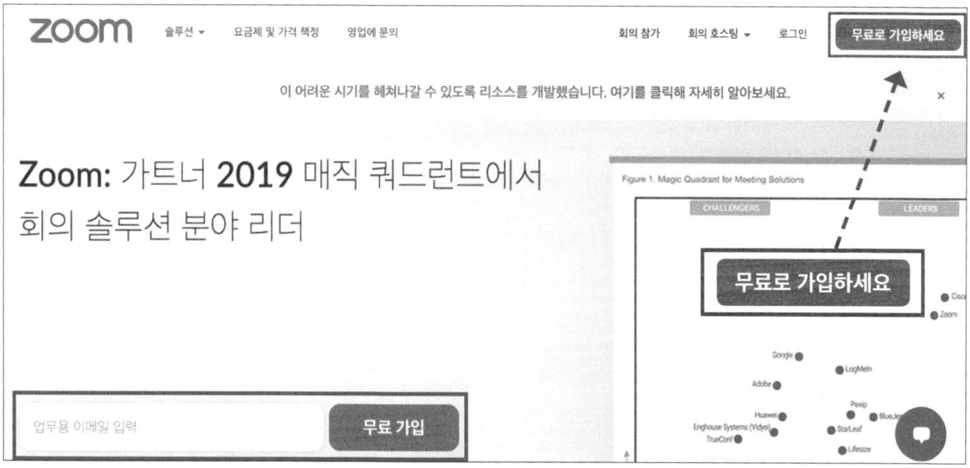

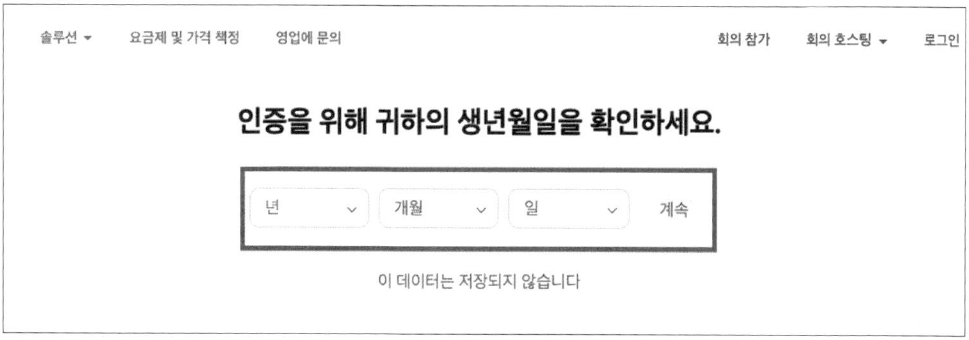

[1-6] 계정으로 사용할 이메일 주소를 입력한다.(위)

[1-7] 생년월일을 입력한다.(아래)

람은 반드시 가입해서 회의 ID를 받아야 한다.

이메일 주소를 넣고 〈가입〉 버튼을 누르면 생년월일을 인증하라는 메시지가 나온다.

생년월일을 인증하면 이메일을 확인하라는 메시지가 나오고, 해당 이메일로 가보면 이메일이 유효한지를 확인했으므로 활성화하라는 메시지가 뜬다. 이후 비밀번호를 두 번 만들라고 하는데, 이때 비밀번호는 8자리 이상이며 영문자는 대문자와 소문자가 반드시 한 자 이상 들어가야 한다.

[1-8] 입력한 이메일 주소에서 인증메일을 확인하면 계정이 활성화 된다.(위)

[1-9] 8자리 이상, 영문자와 숫자를 이용하여 비밀번호를 입력한다.(아래)

3) 요금제를 알아보자

줌은 무료 회원 가입으로 얼마든지 사용할 수 있지만 시간제한이 있기 때문에 유료로 전환할 수 있다. 줌 홈페이지에서 요금제를

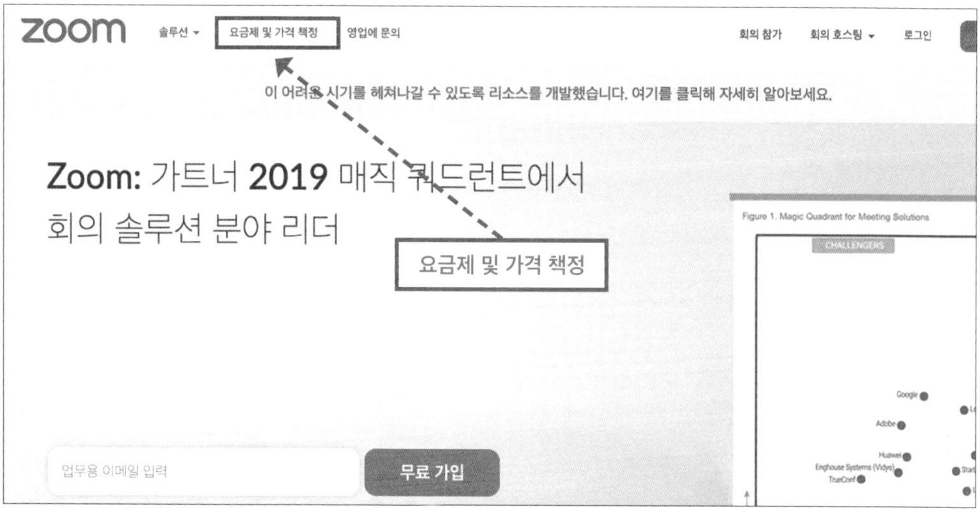

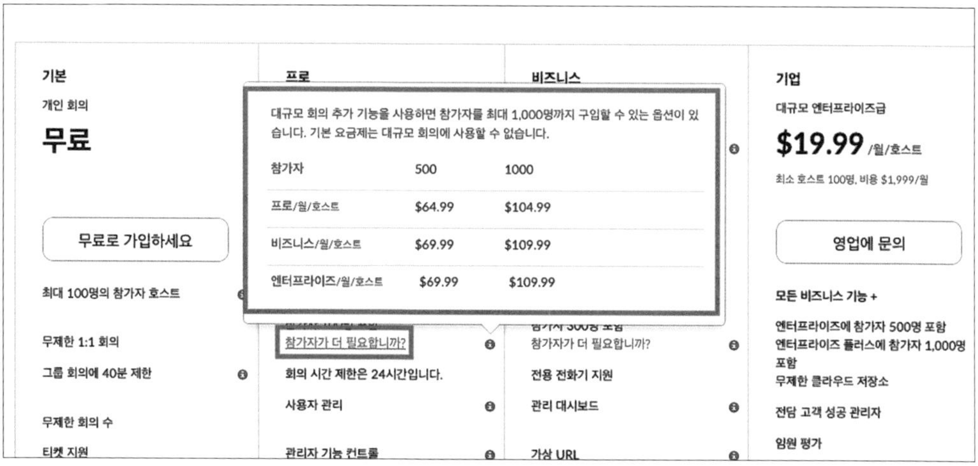

[1-10] 줌 홈페이지 화면 상단에서 요금제를 확인할 수 있다.(위)

[1-11] 줌 요금제(아래)

확인할 수 있다.

일대일 회의는 시간제한이 없지만, 3~100명까지는 40분 제한이 있다. 40분 이내로 회의나 강연을 하고 휴식을 위해 회의를 종료한 뒤 다시 시작하면 다시 40분을 사용할 수 있다. 하지만 40분 이상 이어져야 하는 회의나 강연을 위해서는 월 15달러를 지불하는 유료 회원으로 업그레이드해야 한다. 유료 회원이 되면 시간제한이 없어지는 것 외에도 공동 호스트를 지정할 수 있는 등의 장점이 있다.

프로 요금제의 경우 참가자가 100명인데, 참가자가 더 필요한 경우 〈참가자가 더 필요합니까?〉를 누르면 500명과 최대 1,000명까지 늘릴 수 있다. 일시적으로 많은 참가자가 필요하면 1개월만 사용하고 다시 해제하면 된다.

비즈니스 요금제는 참가자를 300명까지 늘릴 수 있지만 최소 호스트 10명이 되어야 하므로 기업용이라고 생각하면 된다.

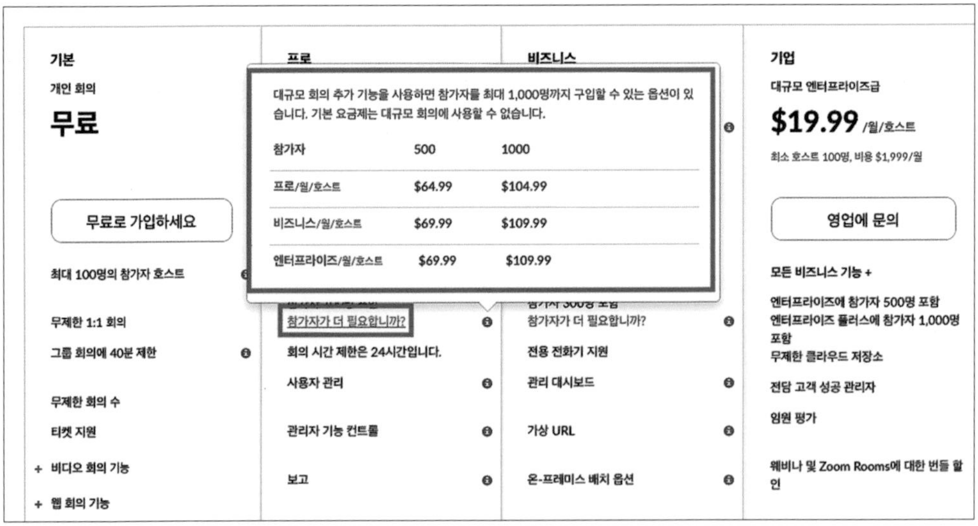

[1-12] 무료와 프로 요금제 비교

4) 프로필 사진은 왜 등록해야 할까?

프로필 사진을 등록해야 하는 이유는 줌 사용 도중 〈비디오 중지〉를 누르면 실제 영상 대신 사전에 등록한 프로필 사진을 보여 주기 위함이다. 프로필 사진도 없이 이름만 나오는 것은 상대방에 대한 예의나 배려가 아니다.

오른쪽 상단 〈설정〉을 누르고 〈프로필〉을 선택하면 프로필 사진을 업로드할 수 있다.

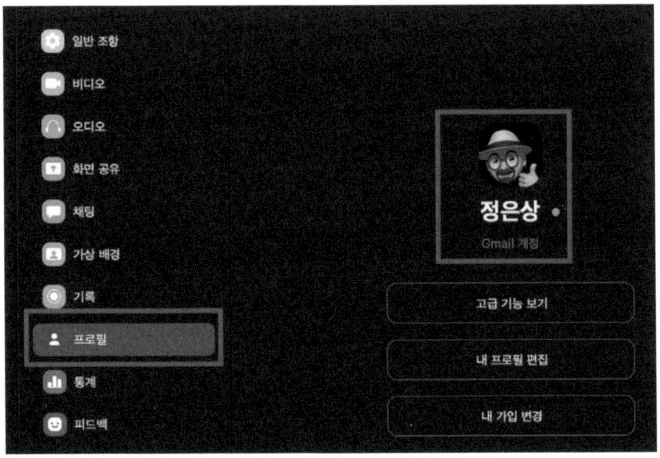

[1-13] 프로필 설정 방법

5) 비밀번호는 어떤 경우에 사용할까?

노트북이나 데스크톱에서 〈새 회의〉 옆 ▾를 누르면 개인 회의 ID(PMI: Personal Meeting ID) 사용 여부를 결정할 수 있다. 이것을 사용

[1-14] 〈새 회의〉 옆의 ∨를 누른다.

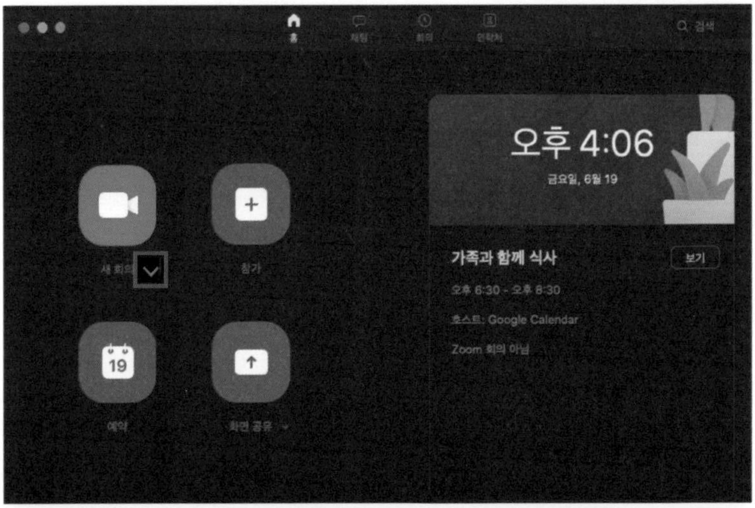

[1-15] 회의 비밀번호 설정

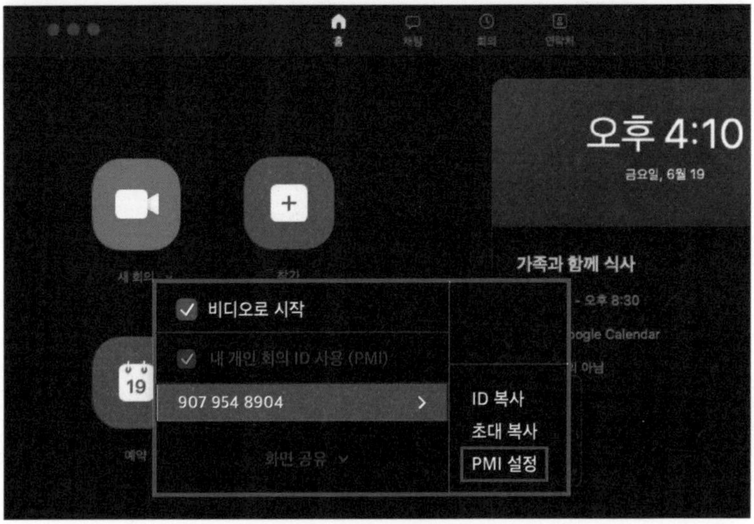

하지 않으면 회의를 개최할 때마다 줌에서 임의로 회의 ID와 비밀번호를 부여하기 때문에 회의 참가자들에게 알려 주기가 불편하다. 회의 링크 주소를 통해 참가하는 경우에는 비밀번호를 묻지 않지만, ID를 사용해 참가하는 경우에는 비밀번호를 확인한다.

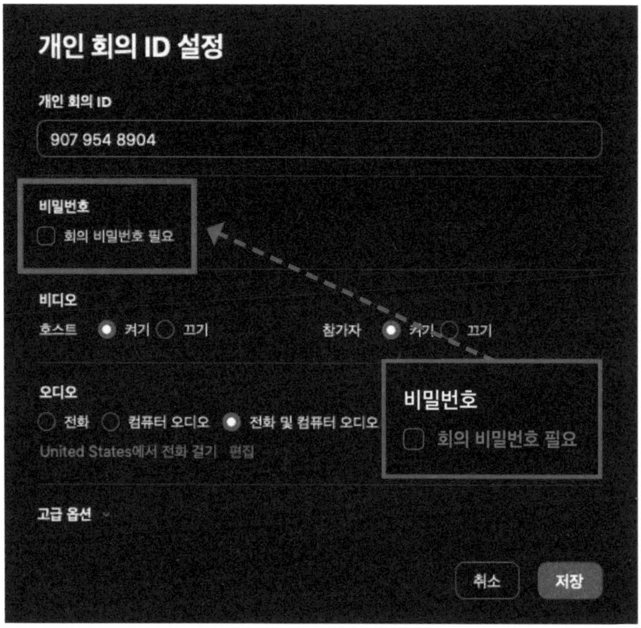

[1-16] 비밀번호 사용 여부를 결정할 수 있다.

〈내 개인 회의 ID 사용〉을 클릭하고 마우스를 ID 번호에 갖다 대면 PMI 설정이 나온다. 여기서 비밀번호를 바꿀 수 있다. 무료 회원은 반드시 비밀번호를 사용해야 하며 유료 회원이 되면 비밀번호를 사용하지 않을 수도 있다. 비밀번호를 변경했을 때는 반드시 저장해야 한다.

6) 참가자를 어떻게 초대하지?

초대 링크를 복사한 다음 카카오톡이나 문자 또는 이메일로 초대할 수 있다. 또 다른 방법은 회의 ID와 비밀번호를 참가자에게 알

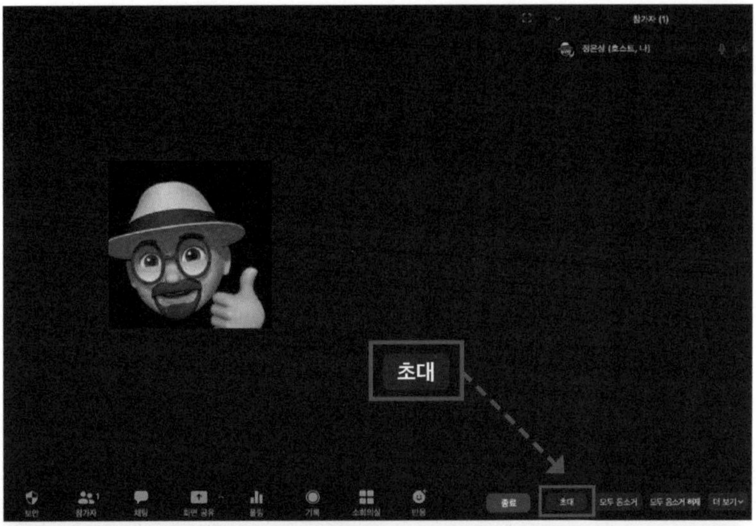

[1-17] 참가자 초대 방법

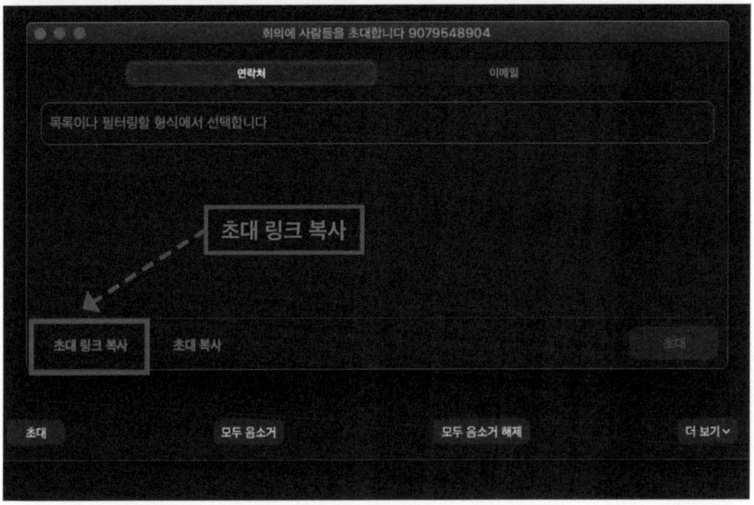

[1-18] 링크를 복사해 참가자들에게 알려 주자.

려 초대할 수도 있다.

카카오톡으로 링크 주소를 보내 초대하면 [1-19] 왼쪽과 같은 메시지가 뜬다.

노트북이나 데스크톱 컴퓨터에 카카오톡이 설치되어 있지 않을

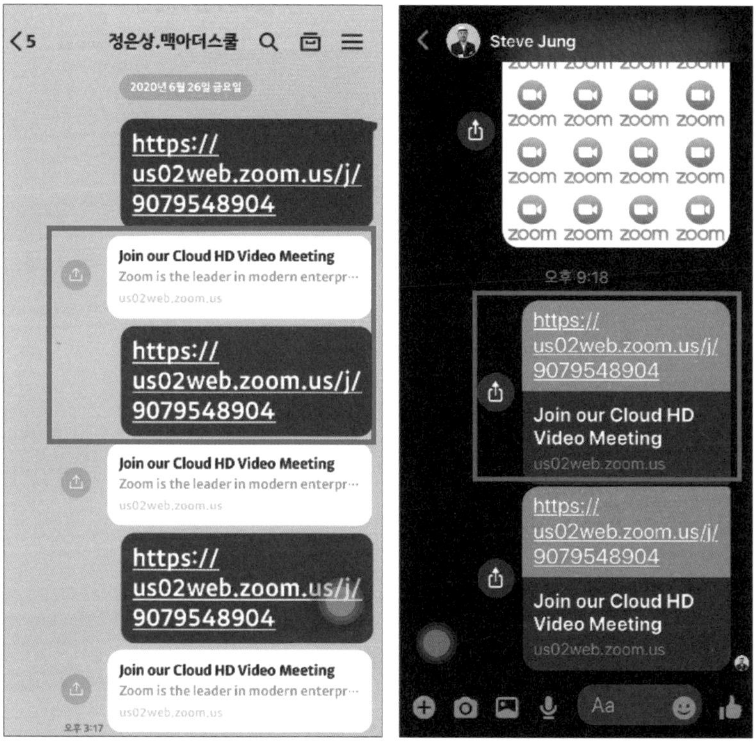

[1-19] 자신의 카카오톡이나 메신저를 활용해 링크를 보낼 수 있다.

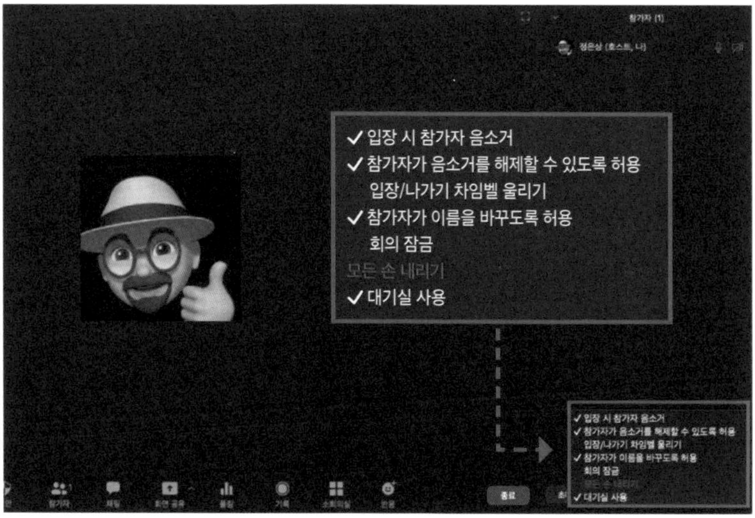

[1-20] 참가자 입장 설정

때는 페이스북 메신저나 포스팅을 활용하는 방법도 있다. 초대 링크 주소를 복사한 다음 자신의 메신저로 보낸 후 스마트폰에서 메신저의 링크 주소를 다시 복사해서 카카오톡으로 보내는 방법이다. 복잡해 보이지만 습관이 되면 편리한 방법이다.

7) 참가자를 한꺼번에 입장시키려면?

회의나 강연 시간을 미리 공지해도 참가자들은 각각 다른 시간에 입장하려고 한다. 이때 대기실을 준비해 두고 시간에 맞춰 한꺼번에 참가자 모두를 입장시킬 수 있다.

8) 화면을 녹화할 수 있다고?

호스트 권한을 가지면 화상수업이나 강연을 녹화할 수 있다. 화면 녹화를 위해 화면 중간 아래쪽 〈기록〉을 누르면 컴퓨터에 기록할지 클라우드에 기록할지 선택하라고 하는데, 유료 회원의 경우 1GB 정도의 클라우드 공간을 제공하지만 몇 차례 녹화하면 용량이 모자라므로 컴퓨터에 저장하고 자주 지우는 방법이 좋다.
여기서 기록한 파일은 컴퓨터의 〈문서〉 폴더에서 찾을 수 있는데 날짜별로 〈Zoom〉이라는 폴더에 자동으로 저장된다. 기록은 동영상과 음성 파일 및 채팅 내용이 모두 포함된다.

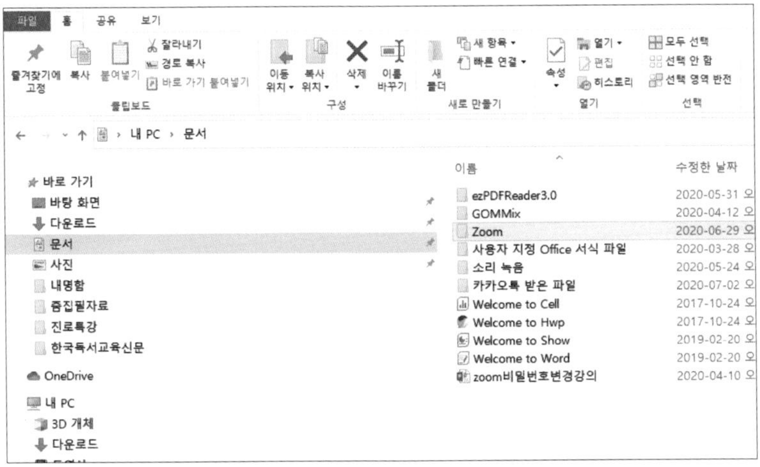

[1-21] 〈내 컴퓨터〉⇨〈문서〉에서 〈Zoom〉 폴더를 찾을 수 있다.

기록된 동영상을 스마트폰 키네마스터(KineMaster)로 편집한 후 유튜브로 업로드하면 된다. 키네마스터는 스마트폰에서 아주 손쉽게 동영상을 편집할 수 있는 앱이다.

〈기록〉을 눌러 녹화하면 화면 왼쪽 상단에 기록 중이라는 메시지가 뜬다. 기록은 일시 중단을 할 수도 있다. 나중에 회의를 종료하면 mp4 파일로 변환되어 〈문서〉⇨〈Zoom〉 폴더에 일자별로 저장된다.

[1-22] 녹화 영상의 저장 방법을 선택할 수 있다.

[1-23] 녹화 중 표시

5 고수를 위한 줌의 고급 기능

1) 소회의실도 만들 수 있네

줌의 기능을 어느 정도 파악했다면 다양한 방법으로 활용할 수 있다. 예를 들면, 소회의실을 만들어 그룹별 토의를 하게 하고 호스트는 각 소회의실에 들러 필요한 역할을 한 후 다시 빠져나오는 방법이다. 참가자들의 자발적 참여를 유도하고 성과를 얻기에 적합한 방법이다.

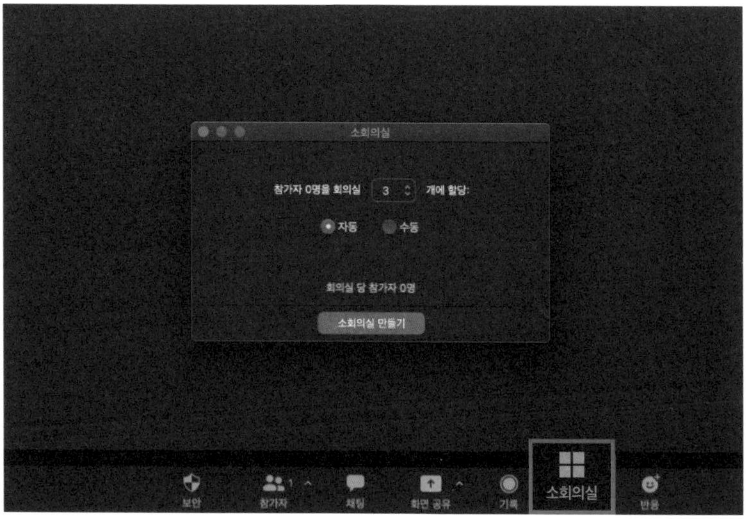

[1-24] 소회의실 설정

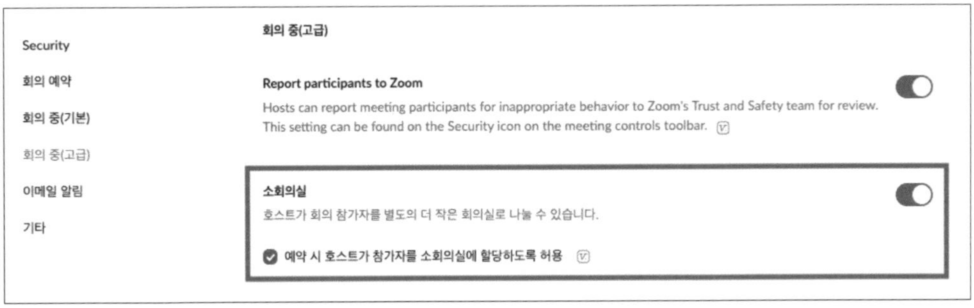

[1-25] 소회의실로 그룹별 토의를 진행할 수 있다.

소회의실을 사용하려면 줌 홈페이지(http://zoom.us)의 〈설정〉으로 들어가서 〈회의 중(고급)〉에서 소회의실을 사용하겠다고 하면 된다. 학교에서 수업을 하면서 사용한 소회의실 사례를 2부에 소개해 놓았으니 참고하면 된다.

2) 채팅방은 어떻게 운영하지?

[1-26] 줌 화면에서 채팅방

화상회의나 강연은 발표자 중심으로 진행되기 때문에 일방적이기 쉽다. 참가자들의 참여도를 높이기 위해 〈채팅〉 기능을 적절하게 활용하는 것이 바람직하다. 채팅은 모두에게 보내거나 특정인에게 비밀 채팅을 보낼 수 있다. 호스트는 파일을 전송하거나 링크

[1-27] 실제 채팅방 운영 시 화면. 귓속말과 링크 공유가 가능하다.

20:24:22 From 정종영 : 18명요

20:25:02 From 정욱 고 : 줌을 알려줌 책에 강의기법이 다 실려 있어요 카리스마 있게 할 수 있습니다.

20:25:32 From 권유라넓은세상 : 줌을 알려줌 언제 나오나여?

20:25:33 From 김원배 : 화면 오른쪽 위에 참여자와 화면 확대 등 메뉴있습니다

20:25:52 From 김원배 : 전체화면

20:29:11 From 정종영 : 반갑습니다. 장종희 대표님...하하!!!

20:29:54 From 장종희 : 반갑습니다

20:35:52 From 권유라넓은세상 : 와 놀랍네요~~

20:36:43 From yongki park To 정은상 교장(privately) : 저장하기, 내보내기도 설명해주세요 내보내기가 유료만 되나요?

20:37:05 From 정욱 고 : 멋집니다.

20:37:08 From 권유라넓은세상 : 어메이징합니다...ㅎㅎㅎ

20:37:18 From 스마트화가 정병길 : 재미있네요. ㅎㅎ

20:37:25 From 화상강연 이 계운 : fantastic!!!

20:40:04 From 최성홍 : 넘 멋져요

20:40:16 From 김원배 : 재미있습니다..

20:40:22 From 정욱 고 : 텍스트도 동영상에 넣을 수 있나요?

20:40:28 From 안선형 : 멋집니다

20:40:29 From 정종영 : *********** 픽살 루프 강좌 *****************.

이미로 영상을 만드는 앱(사진에서 효과를 줘서 동영상 느낌을 줄 수 있다.)

1. 다운로드 받는 법

플레이 스토어에서 다움 PIXALOOp 연 24000원 유료 앱 사용.

2. 사용법

1) 이미지를 가져와서, 하단 메뉴 선택하면 간단히 효과를 줄수 있슴

- 동결을 선택하면 나머지가 움직이지 않음.

주소를 공유할 수도 있다. 회의나 강연을 마치기 전 채팅창에 설문지 링크를 올려놓고 참가자들이 회의 나가기를 하기 전에 설문지를 작성하도록 유도할 수도 있다.

채팅방 사용할 때 유의할 점은 카카오톡처럼 참가자가 모두 입장한 후 글이나 사진 또는 파일을 올려야 한다. 미리 올려놓으면 이후에 들어오는 참가자는 앞의 내용을 볼 수 없다.

3) 모두 음소거 어떤 경우에 사용할까?

여러 사람이 같은 화상 공간에서 회의나 강연을 할 때 가장 문제가 되는 것은 잡다한 소음이다. 참가자 한 명만이라도 마이크를 켜놓고 떠들면 소음이 모두에게 전달되어 원활한 회의나 강연을

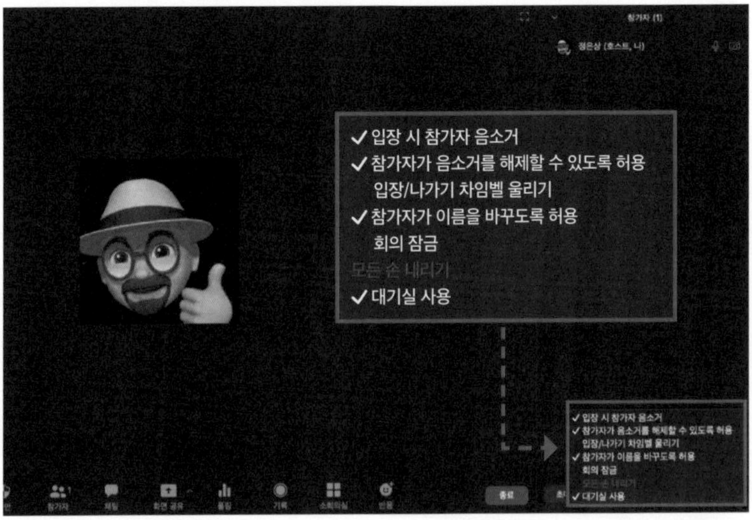

[1-28] 음소거 기능은 원활한 진행을 위한 필수 조건이다.

진행하기 어렵다. 그래서 참가자들이 모두 입장하고 나면 양해를 구하고 〈음소거〉 기능을 사용해 전원 음소거를 한 다음 필요할 때마다 음소거 해제를 해 주는 방법이 좋다.

4) 화면 공유는 어떻게 하지?

참가자가 스마트폰이나 노트북 사용이 익숙하지 않을 때 회의 개최자가 참가자의 화면을 공유하도록 유도해서 직접 화면을 보면서 설명하면 훨씬 효과적이다.

〈화이트보드〉 기능은 줌 사용에서 아주 편리한 기능이다. 컴퓨터 마우스로 화이트보드 사용이 불편할 경우 회의 개최자는 자신의 스마트폰이나 갤럭시탭을 활용해서 화이트보드를 사용할 수 있다.

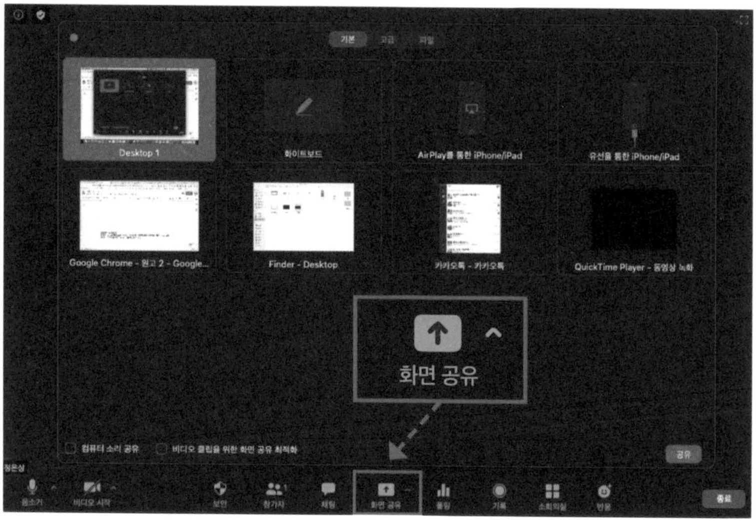

[1-29] 화면 공유는 더 풍부한 강연이 되게 한다.

[1-30] 화면 공유 설정

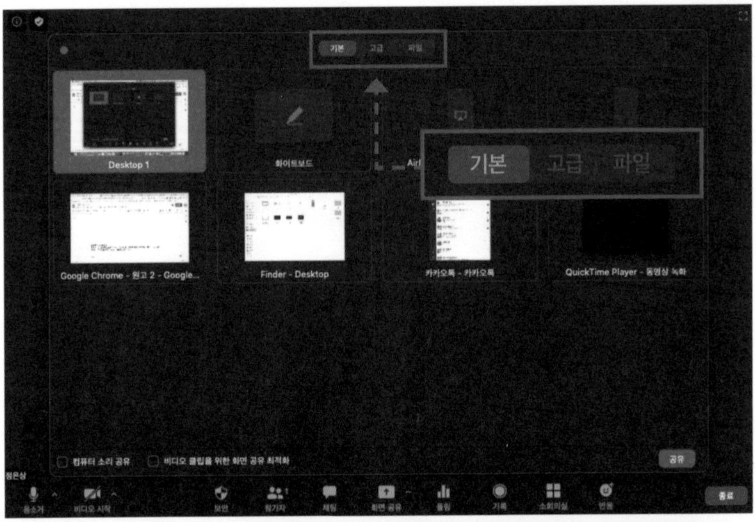

[1-31] 〈주석 작성〉 기능은 참가자들이 더 쉽게 이해하도록 돕는다.

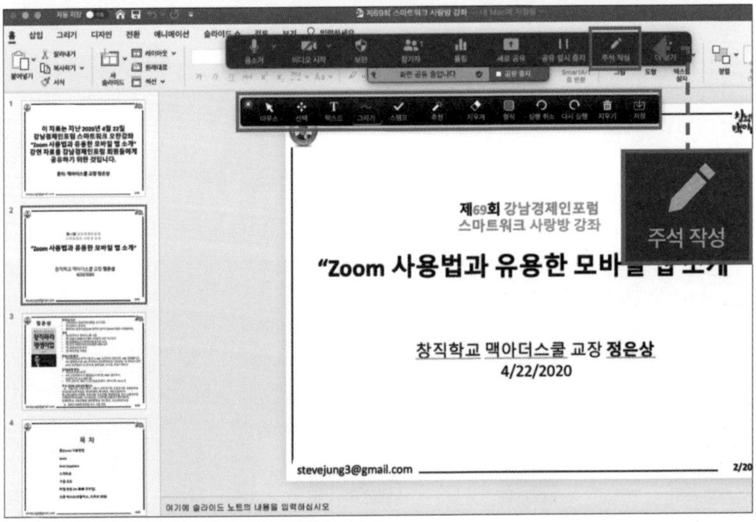

〈화면 공유〉 기능을 잘 사용하면 이 외에도 사진, 문서, 동영상 등을 공유할 수 있다. 특별히 유튜브를 포함한 동영상 공유를 할 때는 반드시 좌측 하단에 있는 〈컴퓨터 소리 공유〉와 〈화면 최적화〉를 클릭해야 한다. 또한 구글 드라이브와 같은 클라우드 파일을 공유해서 참가자들이 직접 파일을 작성하도록 유도할 수 있다.

화면 공유할 때 주석을 작성할 수 있다. 공유한 화면 위에 밑줄을 긋거나 원을 그리는 등 다양한 〈주석 작성〉 기능을 사용하고 이를 지우거나 저장할 수도 있다.

5) 특정 참가자에게 발표시키려면?

토론식 강연이나 수업을 할 때 특정인을 지정하여 자료를 공유하면서 발표하게 하려면 호스트 권한을 넘겨주거나 유료 회원인 경우 공동 호스트로 지정하면 된다.
고수는 돌발 상황에 의연하게 대처할 수 있어야 한다. 간혹 화상

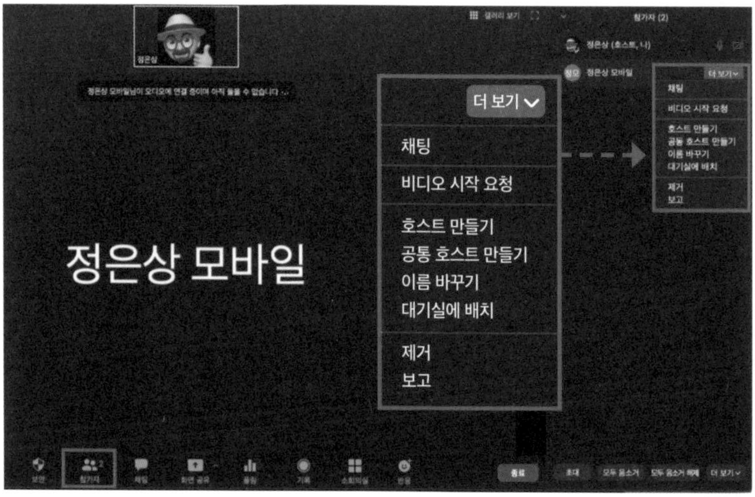

[1-32] 공동 호스트 설정

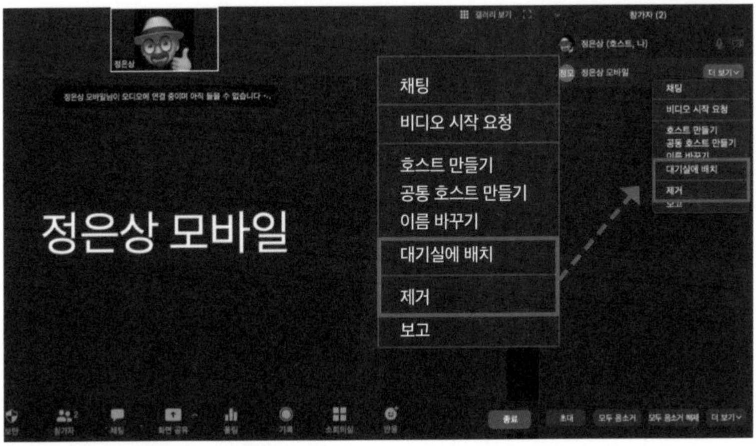

[1-33] 강연을 방해하는 사람은 내쫓기보단 대기실로 보내는 것이 좋다.

회의나 강연 중 방해가 되는 참가자는 〈제거〉하기보다 〈대기실에 배치〉하도록 하는 것이 좋다. 한마디로 수업 중 떠드는 학생을 내쫓기보다 교실 뒤에서 손들고 서 있게 하는 효과가 있다.

6) 가상 배경은 어떻게 사용하나?

줌의 장점 중 하나인 가상 배경은 누구나 손쉽게 사용할 수 있다. 한마디로 초보적인 CG인 셈이다. 노트북이나 컴퓨터의 사양이 부족할 경우 별도의 녹색 크로마키 세트를 설치하면 멋진 가상 배경을 구현할 수 있다.
가상 배경을 사용하는 이유는 줌 사용자의 배경이 깨끗하지 못하거나 특정 주제를 정해 화상회의나 수업을 할 때 유용하기 때문이다. 실제로 지난 4월 한남동 무경계 스테이(대표: 김영미)에서 진행한 줌

특별 이벤트에서 안계환 문명연구소 대표는 중동과 이슬람에 대해 강연하면서 예루살렘 사진을 가상 배경으로 선택했는데 많은 청중으로부터 현지에서 강연하는 줄 알았다는 순진한 이야기를 들었다고 한다.

[1-34] 크로마키를 사용하면 좀 더 실감나는 강연이 가능하다.(위)

[1-35] 크로마키 세트 예시(아래)

적절한 크로마키를 사용하면 좋다. 줌 카메라의 경우 예민하지 않아서 다행이다. 이 책의 3부를 진행한 고정욱 박사는 크로마키를 쓰기 위해 초록색 보따리 천을 온라인 쇼핑몰에서 1,500원에 주문했다. 배송비가 더 비싼 웃지 못할 일이 벌어졌지만, 만약 실패할 경우 제대로 된 녹색 천을 사리라 결심하고 거실 커튼에 매달아 보았다고 한다. 결과는 성공이었다. 줌 카메라가 까다롭지 않아 어떤 천 재질이든 잘 받아들여서 가상 배경을 만들어 주었다.

크로마키 활용법은 창의성을 발휘할 필요가 있다. 강연자 개인의 시그니처 로고나 마크를 크로마키 화면에 미리 깔아놓으면 강연 내내 누구의 강연인지 알 수 있게 된다. 그뿐만이 아니라 녹화 강연일 경우에는 크로마키 안에 강의 내용과 제목, 일시와 장소를 적어 두면 그 영상이 딴 곳으로 유통되는 것을 막을 수 있다. 한마디로 무단복제를 막는 효과를 볼 수 있는 것이다.

[1-36] 크로마키 설정 방법

[1-37] 원하는 배경을 직접 선택할 수도 있다.

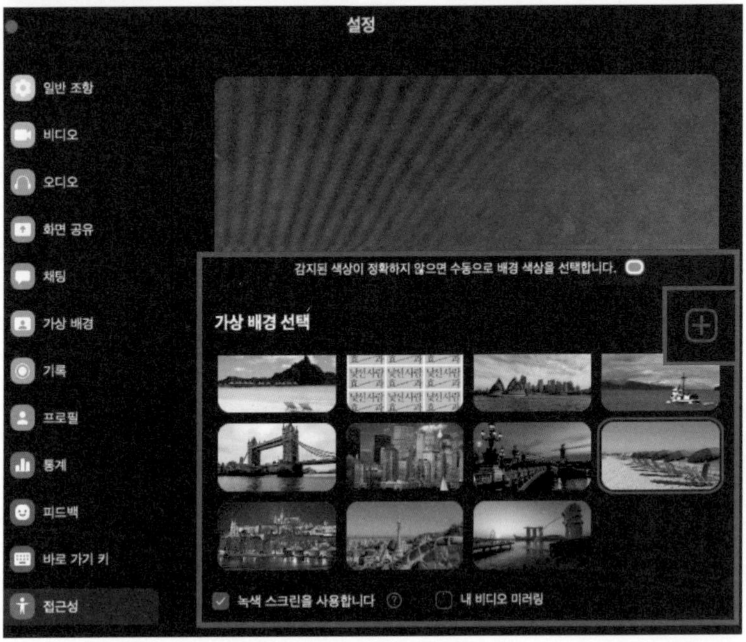

텔레비전 방송국만 크로마키를 쓰는 것이 아니다. 우리도 얼마든지 할 수 있다. 좋은 풍경이나 관련 자료를 배경화면으로 써보면서 실제로 적용해 보는 것이 가장 중요하다. 필자는 줌 코칭을 자주 하기 때문에 고박사와 달리 위와 같이 제대로 된 녹색 크로마키 세트를 구입해서 사용하고 있다.

가상 배경을 설치하기 위해 오른쪽 상단의 〈+〉를 누르고 컴퓨터에 다운로드한 사진을 불러내면 된다. 사진은 jpg나 움직이는 사진 gif를 사용하면 된다. 화질이 좋은 사진을 찾는다면 무료 이미지 사이트 픽사베이(http://pixabay.com)를 추천한다.

7) 유료 세미나를 개최하려면?

줌은 ID와 비밀번호를 사용할 수 있기 때문에 유료 세미나를 개최할 때 사전에 비밀번호를 설정해 두고 수강료를 낸 참가자에게 비밀번호를 알려 주는 방식을 채용하면 된다.

실제로 안계환 문명연구소 안계환 대표는 총 5회에 걸쳐 매주 금요일 저녁에 〈곰브리치세계사〉 온라인 학습을 시작했다. 줌으로 사전 입금한 참가자에게 온라인 링크 주소를 알려 주는 방식이다.

[1-38] ID와 비밀번호를 이용하면 유료 강연도 가능하다.

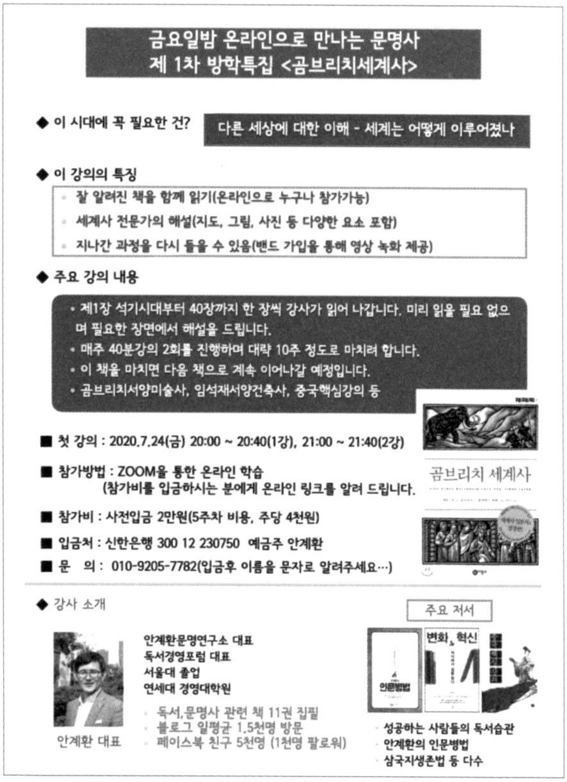

이런 사례는 점차 늘어날 것이다.

8) 기타 줌의 고급 설정은 어디서 찾아보나?

줌 홈페이지에 들어가 로그인하면 〈설정〉 메뉴가 나온다.
여기서 회의와 기록에 관한 모든 것을 상세하게 설정할 수 있다. 예를 들면 회의를 개최할 때 개인에게 할당된 ID를 사용할 것인지 아니면 줌에서 부여하는 임시 ID를 사용할 것인지를 설정할 수 있고 비밀번호를 설정할 수도 있다.
용어도 그다지 어렵지 않으니 차분하게 하나씩 클릭하면서 직접 테스트 해보기를 권한다. 실전에 앞서 사전 확인은 반드시 해야 한다. 줌을 테스트할 때 노트북과 스마트폰을 활용하면 편리하다. 줌의 기능을 많이 익히는 것도 중요하지만, 강연자가 줌을 도구로 활용해 효과적인 강연이나 수업이 되도록 최선을 다해 준비하는 자세가 무엇보다 중요하다.

[1-39] 줌 홈페이지 화면에서 고급 기능을 설정할 수 있다.

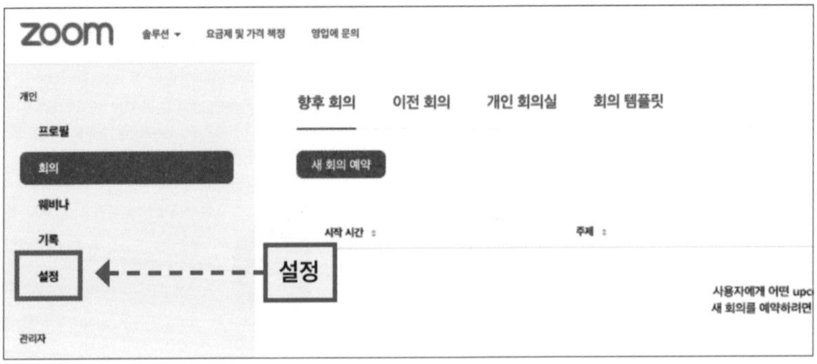

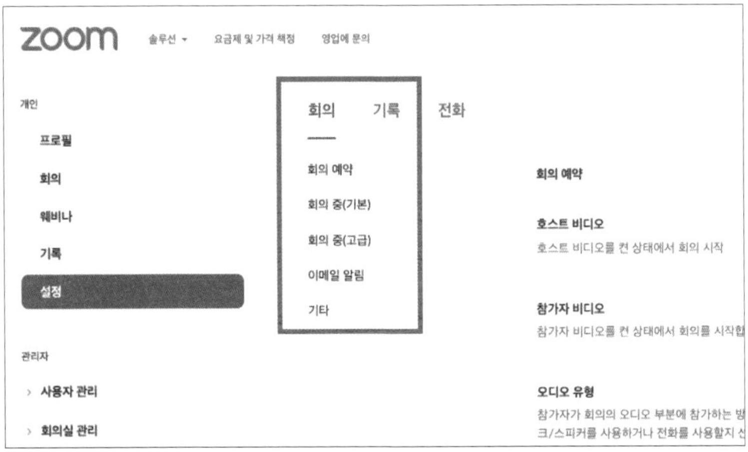

[1-40] 회의와 관련된 설정을 할 수 있다.

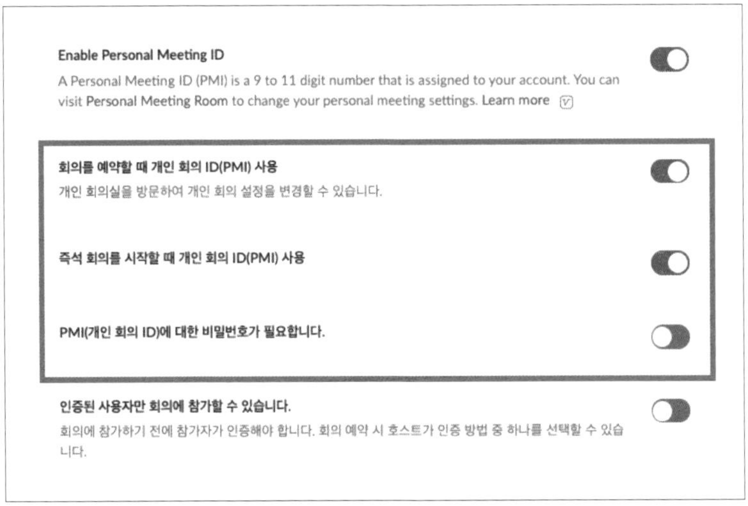

[1-41] 강연자의 편의에 따라 설정할 수 있다.

CHAPTER

02

화상수업 어떻게 하나?

김원배

1 온라인 실시간 쌍방향 수업, 줌으로 가능한가?

2 수업 태도 파악 비법

3 아이들 반응을 유도하는 노하우

4 신나게 강의하다 연결이 끊길 때

5 혼자서도 잘 떠들려면?

6 강의하며 채팅으로 답변하는 노하우

7 실시간 수업에서 모둠활동 방법

1 온라인 실시간 쌍방향 수업, 줌으로 가능한가?

2020학년도 단계적 온라인 개학 계획이 발표되자 학교급별 단위 학교에서는 학교 구성원들끼리 논의를 통해 학교 재량으로 온라인 학습을 진행하기 시작했다.

[2-1] 2020학년도 단계적 온라인 개학 개요

<table>
<tr><th colspan="2">학년</th><th>4.6~8.</th><th>4.9~10.</th><th>4.13~15.</th><th>4.16~17.</th><th>4.20~</th></tr>
<tr><td rowspan="2">고</td><td>3</td><td>휴업(3일)</td><td>적응기간</td><td colspan="3">온라인 개학(4.9~)</td></tr>
<tr><td>1~2</td><td colspan="3">휴업(7일)</td><td>적응기간</td><td>온라인 개학 (4.16.~)</td></tr>
<tr><td rowspan="2">중</td><td>3</td><td>휴업(3일)</td><td>적응기간</td><td colspan="3">온라인 개학(4.9~)</td></tr>
<tr><td>1~2</td><td colspan="3">휴업(7일)</td><td>적응기간</td><td>온라인 개학 (4.16.~)</td></tr>
<tr><td rowspan="2">초</td><td>4~6</td><td colspan="3">휴업(7일)</td><td>적응기간</td><td>온라인 개학 (4.16.~)</td></tr>
<tr><td>1~3</td><td colspan="4">휴업(9일)</td><td>온라인 개학 (4.20.~)</td></tr>
</table>

4.6. 이후 학년별 휴업 기간은 법정 수업일수(수업시수)에서 감축 허용

E학습터, EBS온라인클래스, 구글클래스, MS팀즈, 네이버 밴드 등 학생들이 수업에 참여할 수 있는 플랫폼을 선정했다.

교사들 각자의 방식으로 수업 자료를 업로드하는 방법과 쌍방향으로 수업을 진행하는 방향으로 의견들이 모아졌다.

스마트폰 세대의 젊은 교사들은 줌을 이용하여 실시간으로 수업

[2-2] 다양한 도구를 활용 한 온라인 쌍방향 강의 모습

을 진행하지만, 나이가 지긋한 교사들은 줌 기능을 익히는 데도 시간이 걸리고 수업에 적용하는 것도 힘들어한다.

초·중·고등학교 선생님들은 대부분 온라인 실시간 쌍방향 수업 경험이 없다. 학교 시설 면에서도 온라인 실시간 쌍방향 수업을 할 수 있는 환경이 갖춰지지 않은 상태다. 최소한의 장비만 가지고 온라인 수업 및 영상 자료를 만들어야 하는 교사들의 고충이 크다.

목적사업비로 지급된 예산의 20~30%를 온라인 강의를 위한 기기 구매에 사용하라는 교육청 공문이 왔다. 학교 현장에서는 웹캠, 노트북, 마이크, 마우스펜 등을 구매하여 영상 자료를 만들고 [2-2]와 같이 다양한 도구를 활용하여 실시간으로 강의를 진행하고 있다.

줌으로 하는 수업은 학생들과 실시간 쌍방향으로 할 수도 있고 영상 자료를 편집하여 플랫폼에 업로드해서 학생들이 반복해서 강의를 들을 수도 있다. 그러나 교사들과 학생들이 줌 시스템을 활용하는 데 미숙한 점이 많으므로 교사가 먼저 줌을 배우는 학습이 선행되어야 한다.

온라인 실시간 쌍방향 수업을 할 수 있는 콘텐츠는 많이 있다. 그 중에서 필자가 줌을 선택한 이유는 줌 기능을 조금만 익히면 학생들과 쌍방향으로 소통하는 데 이보다 간편하게 작동하는 시스템이 없기 때문이다.

1) 쌍방향 멀티플레이어로 가는 쉽지 않은 여정

교사는 줌 뿐만 아니라 다양한 온라인 강의 콘텐츠를 이용해 쌍방향으로 진행하는 수업에 멀티플레이어가 되어야 한다. 하지만 대부분이 온라인 강의 콘텐츠 기능을 적절하게 활용하지 못한다. 즉각적인 피드백을 주고받기도 어려워서 교사가 혼자서 떠들어야 하는 상황이 연출되기도 한다.

네트워크 환경이 제대로 갖추어지지 않은 학교 온라인 시스템으로는 쌍방향 온라인 수업을 진행할 때 연결이 자주 끊기는 현상이 발생하기도 한다. 강의 속에서 학생들과 소통해야 하는데 기능 작동에 신경 쓰다 보니 자신의 강의가 제대로 전달되는지 파악하기가 힘들어지기도 한다.

쌍방향 온라인 수업은 강의 도중 1대1로 대화하기가 쉽지 않지만, 채팅창을 활용하여 학생들과 소통할 수 있다. 교사가 강의 도중 채팅창을 수시로 확인하여 즉각적인 설명을 하는 방식이다.

하지만 학생들 입장에서는 강의 도중 모르는 내용에 대해 질문하기가 쉽지 않다. 채팅창을 통한 실시간 피드백은 오갈 수 있지만, 온라인이라는 공간 속에서 한 사람이 진행하는 수업의 특성상 교실에서 수업하는 것처럼 제때 의견을 표출하기는 쉽지 않을 것이다.

2) 쌍방향 온라인 수업, 줌인 이유

쌍방향 온라인 수업에 활용되는 콘텐츠의 종류는 다양하지만, 이 책에서는 필자가 사용하고 있는 줌을 수업에 활용하는 방법들을 살펴보려고 한다.
쌍방향 온라인 수업이 문제점만 있는 것은 아니다. 줌으로 강의할 경우 온라인상에서 이루어지는 수업이다 보니 학생들에게 사진이나 영상 같은 시각 자료를 즉각적으로 제공할 수 있다는 장점이 있다.
줌의 기능을 완벽하게 익힌다면 풍부한 자료를 활용하여 다양한 간접 경험을 할 수 있고, 주변이 시끄럽지 않기 때문에 오히려 학생들의 몰입도도 높다. 즉, 교사와 학생들이 만족하는 쌍방향 강의를 할 수 있다.

3) 교사는 뭘 준비해야 하나?

줌을 활용하여 쌍방향 온라인 강의를 시작하기 전 교사가 준비해야 될 것이 있다.

첫째, 학생들과 친밀하게 소통하려는 자세가 중요하다.

교사 스스로도 온라인 강의에 임하는 진지한 자세를 갖추어야 한다. 복장은 화면에 잘 어울리는 밝은 옷을 착용하고 표정도 약간 긴장하면서 밝은 인상을 가져야 한다. 강의를 시작하기 전 학생들의 집중도를 높이기 위해 손뼉을 두세 번 쳐서 수업에 집중할 수 있도록 주변 환경을 환기해 주는 것도 좋다.

둘째, 발음을 또박또박 명확히 해야 한다.

온라인 강의에서는 오프라인 강의와 달리 학생들의 네트워크 환경에 따라 교사의 설명이 제대로 안 들릴 수도 있고 버퍼링이 일어날 수 있다. 그러므로 또박또박 큰 소리로 강의해야 한다. 쌍방향 온라인 강의 원고를 작성해서 교사의 목소리로 이야기할 수 있을 정도로 읽는 연습을 해야 한다.

셋째, 수업 중 지켜야 할 규칙을 공지한다.

교실 수업에서도 교사와 학생들이 지켜야 될 규칙이 있듯이 온라인 실시간 수업에서도 교사와 학생 간에 지켜야 할 규칙이 있다. 항상 수업 시작 전 학생들이 지켜야 할 규칙들을 미리 공지한 후

규칙 예시	• 수업 시간에 맞춰 입장하기 • 언어예절, 바른말 사용하기 • 강의 중 선생님 얼굴이나 친구들 얼굴 사진 찍어서 SNS에 공유하면 초상권 침해에 해당함 • 개별 질문은 채팅창을 활용하기 • 채팅창에 수업과 관련 없는 자료 올리지 않기

수업을 진행해야 한다.

규칙은 각 교과목 선생님들이 교과 특성에 맞게 작성해서 아이들에게 보여 주면서 설명한다.

넷째, 강의 시작 전 담임과 학생들에게 줌 회의 참여 링크를 공지해야 한다.

줌으로 강의하기 위해서는 학생들을 제시간에 줌 강의장으로 입장할 수 있게 공지한다. 담임 선생님들과 학급 아이들에게 줌 회의 아이디와 비밀번호 그리고 준비물을 알려 준다.

필자의 경우 담임들에게 [2-3]과 같이 수업 시간 전날 공지하고 당일 아침에 다시 한번 공지하여 학생들이 수업 시간에 맞춰서 줌 강의장에 입장할 수 있도록 안내한다. 카메라를 끄고 입장하는 학생들에게는 얼굴을 화면에 보이게 하라고 계속 말하고, 등교수업 시 온라인 강의를 들을 때 예절에 관해 설명해 준다.

안전장치를 여러 곳에 설치하고 온라인 강의를 진행하지만 학생들이 제시간에 들어오지 못하는 경우도 발생한다. 수업 시간에 들어오지 않은 학생들 명단은 담임에게 전달하여 개별 상담이나 학부모 상담을 통해 온라인 수업에 적극적으로 참여할 수 있도록 유도한다.

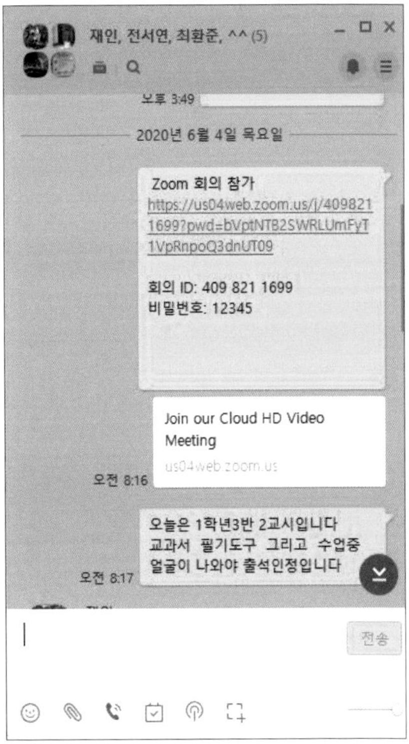

[2-3] 줌 강의장 입장 공지

다섯째, 쌍방향 온라인 강의 방송 사고에 순발력 있게 대처한다.

한번은 교사가 수업 시작 전 출결 상황을 파악하고 줌에서 〈공유〉 기능을 활용하지 않았다. 화이트보드나 A4용지에 수업 시간에 배울 내용이나 지켜야 할 예절들을 적어서 화면에 보여 줬다. 〈알림〉을 손에 들고 보여 줬는데 교사가 화면을 보니 글씨의 좌우가 거꾸로 보이는 것이다. 순간 당황한 교사는 학생들도 글씨가 거꾸로 보일 것으로 판단했다. 그래서 〈알림〉을 거꾸로 작성해서 학생들에게 다시 보여 줬다. 그랬더니 더 황당한 일이 벌어졌다.

"선생님 글씨가 거꾸로 보여요!"

학생들 화면에서는 다시 작성한 공지가 거꾸로 보인다는 거다. 그제서야 교사는 상황을 파악했다. 나에게는 줌 화면 속 공지가 아래의 사진처럼 거꾸로 보이지만 학생들에게는 바르게 보인다는 것을 알게 됐다.

줌 카메라로 촬영하는 자료들은 강의하는 교사에게는 거꾸로 보이지만, 학생들에게는 바르게 보이고 있다는 사실을 알고 강의를 시작해야 이런 오류를 범하지 않는다.

여섯째, 노트북에서 줌으로 강의했다가 데스크톱 컴퓨터로 강의

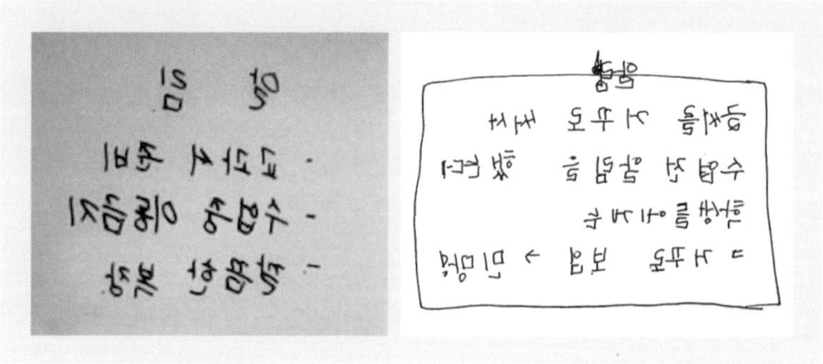

[2-4] 강의자에게 거꾸로 보인다고 글씨를 거꾸로 적으면 안 된다.

했을 경우, 카메라와 스피커를 다시 확인해야 한다.

데스크톱인 경우 카메라와 마이크를 줌에 설정하고 강의할 때 사용하는 제품명으로 스피커와 마이크를 설정해 줘야 한다. 노트북으로 강의할 경우에는 스피커와 마이크를 시스템과 동일하게 설정해 주면 된다.

2 수업 태도 파악 비법

온라인 쌍방향 수업을 위한 사전 준비가 완료되었다면 실제로 줌을 활용한 수업을 시작해 보자. 우선 수업 시작하기 5~10분 전에 줌 회의실을 열어 준다. 학생들이 입장하는 대로 출석 체크를 하고 반갑게 인사하면서 다른 학생들이 모두 들어올 때까지 기다려 줄 것을 요청한다. 대기실을 활용해서 학생들이 한꺼번에 입장하게 하면 좋다.

"여러분 안녕. 선생님이 모두 음소거 할게요. 여러분들은 얼굴이 보이게 비디오 연결해 줘요. 그리고 질문 있는 사람만 손들면 음소거 해제해 줄게요. 학생들이 모두 들어올 때까지 조금만 기다려 주면 좋겠어요."

온라인 강의를 원활하게 진행하기 위해서는 미리 강의 자료와 동영상 자료를 메뉴바에 올려놓는 것이 좋다. 예를 들어 유튜브 영상, 강의 설명 자료, 사진 자료, 컴퓨터에 저장되어 있는 영상 자료 등은 [2-5]와 같이 미리 준비해 둔다.

학생들이 모두 입장하고 강의가 시작된다. 학생들이 가정에서 수업을 듣다 보니 교실 수업보다 주변 환경이 산만할 때가 있다.

얼굴을 안 보이려고 비디오를 끄고 딴짓하는 아이, 얼굴이 아닌

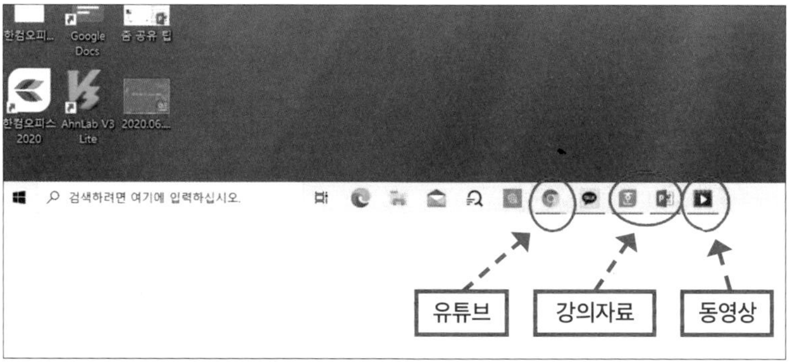

엉뚱한 곳을 비추는 아이, 수시로 화면에서 사라지는 아이, 자리를 이탈하는 아이 등 강의 중 집중해서 학생들을 관리하지 않는다면 강의가 성공적으로 진행되기 힘들다.

1) 소음은 어떻게 방지하나?

"교장 선생님, 지난번 온라인 실시간 수업에서 너무 시끄러워서 아이가 제대로 강의를 듣지 못했어요."
교장에게 걸려온 전화 내용이다. 학부모가 가정에서 아이의 수업을 같이 듣고 있었던 거다. 학생들 주변에서 나는 소음들이 줌으로 연결되어 있는 다른 친구들에게 전해지면서 정작 교사의 강의 내용은 제대로 들리지 않았던 모양이다.
소음을 방지하는 방법은 입장하는 모든 학생들을 음소거하는 것이지만, 그렇다고 강의 시간 내내 음소거 상태라면 온라인 쌍방향 수업이 될 수 없다. 필요한 경우 적절하게 개별적으로 음소거를 해제해서 학생들이 질문이나 발표하게끔 해야 한다.

2) 수업 자료가 안 보이면?

"선생님 PPT 화면을 공유해 놓고 강의하는데 아이들 얼굴을 볼 수가 없어요. 어떡하죠?"

강의 도중 선생님 한 분이 핸드폰으로 물어 왔다. 〈공유〉를 하고 수업을 진행하는데 학생들 얼굴을 볼 수 없어서 수업 태도를 파악할 수 없다는 것이다.

필자는 4층까지 뛰어 올라가서 아이들이 수업을 제대로 듣고 있는지 딴짓을 하는지 알 수 없어서 당황하는 선생님을 일단 안정시키고, [2-6]과 같이 조치하도록 차근차근 설명해 줬다.

[2-6]과 같이 〈공유〉를 하고 마우스를 화면 위 중앙에 갖다 놓으면 메뉴바가 나타난다. 메뉴바에서 〈더 보기〉를 클릭하고 〈비디오

[2-6] 공유 시 비디오 패널 표시

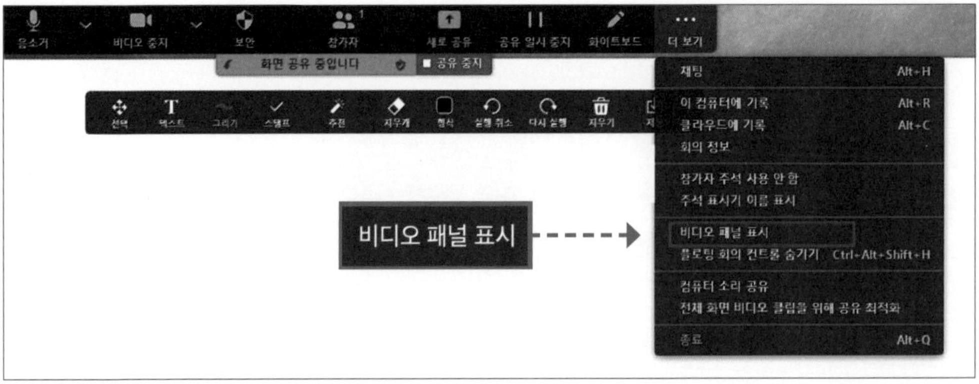

패널 표시〉를 클릭하면 PPT 등 수업 자료를 공유하는 수업 중에도 아이들이 어떤 태도로 듣고 있는지 파악할 수 있다.

[2-7]처럼 〈공유〉한 강의 자료 옆으로 학생들의 모습이 배치된다. 화면 공유 시에는 6명밖에 볼 수 없다. 강의하면서 마우스를 아이들 화면에 갖다 대면 위아래로 움직일 수 있는 화살표가 나타난다. 화살표를 클릭하여 다음 화면을 살피면서 학생들이 수업에 적극적으로 참여하는지 파악할 수 있다.

[2-7] 화면을 보면 아래에서 두 번째 학생 얼굴이 안 보이고 어두운 화면이 나온다. 이럴 때는 아이의 이름을 불러 준다.

"철수야 어디 갔니? 선생님이 철수 얼굴 보고 싶은데 비디오 켜 줄래?"

그러면 아이는 하던 일을 멈추고 얼굴을 화면에 비춰 준다. 그러나 수업이 종료될 때까지 〈비디오〉 기능을 꺼 놓는 학생도 있다.

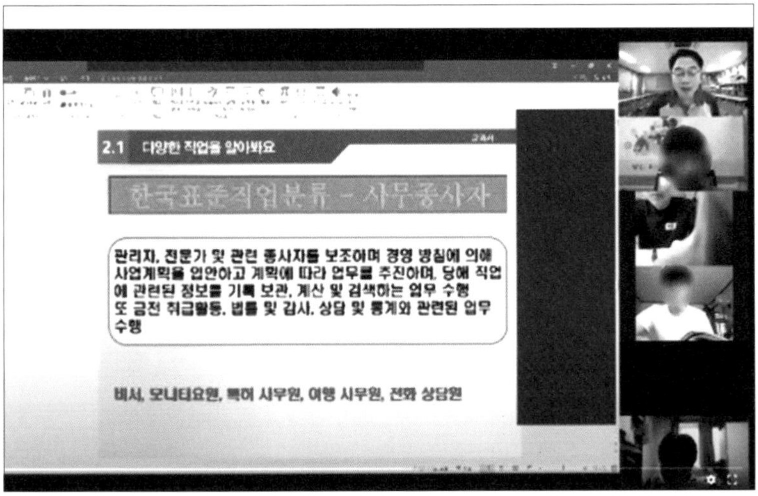

[2-7] 공유 시 학생들 화면배치

이런 경우에는 수업 중 자주 아이의 이름을 부르면서 수업에 적극적으로 참여하도록 유도한다.

3) 자리 이탈하는 학생들은 어떻게 관리하지?

아래 사진과 같이 수업 듣다가 자리를 이탈하는 경우도 있다. 이럴 때는 "철수야 어디 가니?"하고 부르면 아이가 멈칫하다가 다시 돌아와 자리에 앉는다. 화장실이 급할 때는 일단 손을 들어 의사를 표시하고, 교사가 음소거를 해제해 주면 "화장실이 급한데 다녀와도 돼요?"라고 허락을 구하도록 한다. 아무리 학생의 집에서 하는 수업이라도 마음대로 자리를 이탈하지 않도록 교사의 허락하에 움직이라고 수업 전 공지해야 한다.

미리 수업 태도에 대해 공지하지 않았을 경우 학생들은 가정에서 수업을 듣기 때문에 툭하면 화장실도 가고 싶고 냉장고도 열어 보고 싶어서 몸이 근질근질하다.

이러한 행동을 방지하기 위해 교실에서 하는 수업과 똑같이 규칙

[2-8] 수업 중 자리 이탈

을 정하고, 정말 급한 경우에는 손을 들어 허락을 받은 후 자리에서 움직이도록 해야 한다.
가정에서 온라인 수업을 듣고 있지만 학교 교실에 있다는 인식을 학생들에게 분명히 심어줘야 한다.

4) 비디오는 켰는데 이마만 보이는 경우

비디오를 켜고 강의 들으라고 했더니 이마 부분만 보이게 하는 학생도 있다. 학생들도 처음이라 쑥스러워 그럴 수도 있지만 강의는 안 듣고 딴짓을 하는 경우도 있다. 이럴 때도 '선생님은 너의 행동을 다 알고 있단다'라는 것을 알 수 있도록 적절하게 개입해야 한다.
"철수야 강의에 집중하는 것 같은데 화면이 잘 안 보이네. 급한 일 처리할 게 있니?"라고 물으면 "아빠한테 문자 와서 답장했어요"라며 대부분 있는 그대로 대답한다. "그렇구나. 아빠한테 실시간 수업 중이니 수업 끝나고 전화드리겠다고 하고, 지금은 얼굴 보여주면서 수업에 참여하자"라고 말한다.

5) 학생이 수업을 방해할 때

PPT 자료를 공유하여 설명하고 있는데 어떤 학생이 메뉴 주석에서 〈그리기〉를 클릭하여 자유자재로 그림을 그리면서 수업을 방

[2-9] 이마만 보이는 경우

해했다. 강의하는 교사는 누가 그러는지 알 수가 없다.

"누가 장난치는 것 같은데 그만하거라"라고 주의를 줬지만 몇 번 더 화면에 같은 장면이 반복됐다. 하지 말라고 서너 번 더 언급한 후에야 학생의 행동은 멈췄다. 흔히 발생할 수 있는 경우다. 교사가 공유한 화면에 학생들이 메뉴를 활용하지 못하게 하는 방법을 알아보자.

학생은 〈메뉴〉⇨〈주석〉⇨〈그리기〉를 클릭하여 〈펜〉 기능으로 사진과 같이 장난을 했던 거다. 장난을 친 학생 때문에 다른 학생들에게 피해가 가서는 안 되는데 학생들 중에 누가 장난을 쳤는지 교사는 알 수 없다. 장난을 못 하게 사전에 막을 방법은 없을까?

학생들은 호기심이 많고 궁금한 것도 많아 스스로 통제가 어렵다. 사전에 장난을 칠 수 없도록 미리 장치를 마련해 둬야 한다. 〈공유〉 메뉴를 모든 참가자가 사용할 수 있다면 온라인 강의는 뒤죽박죽 혼란스러워 진행이 되지 않는다. 온갖 장난과 소란으로 집중력은 떨어질 수밖에 없다.

수업 종료 후, 학생들의 강의 피드백을 살펴보면 이런 장난 때문에 수업에 집중할 수 없었다는 의견들이 많다. 수업 전 미리 공지해도 학생들의 장난기와 호기심을 다 통제하기란 불가능하다. 그래서 줌 예절이 필요한 것이다.

교사 이외의 참가자가 메뉴를 사용하지 못하도록 하는 방법이 있다. 〈공유〉⇨〈메뉴〉⇨〈더 보기〉⇨〈참가자 주석 사용 안 함〉을 클릭한다.

강의 자료를 공유한 뒤 〈참가자 주석 사용 안 함〉을 클릭하고 강의를 진행한다면 안전하게 학생들의 방해 없이 강의를 마칠 수 있다.

온라인 강의를 듣는 학생들은 매일 컴퓨터 앞에 앉아 있으니 머리가 아프다. 가정에서 수강하다 보니 편리한 점은 있지만, 교사의 감시가 없어 집중하기가 어려울 수 있다. 수업 중에 시끄럽거나

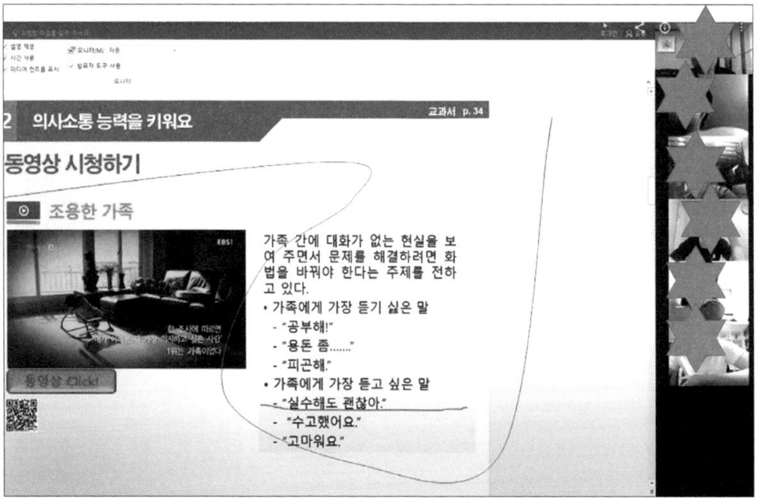

[2-10] 수업 방해의 예

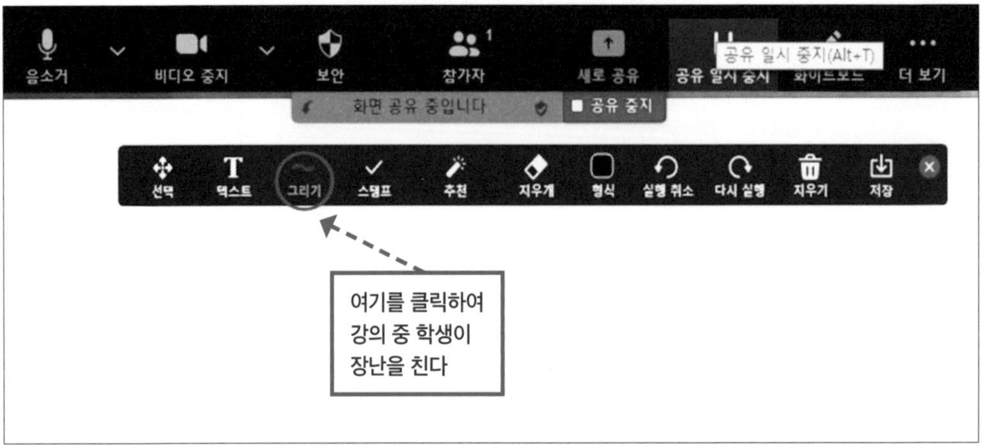

[2-11] 학생이 장난에 사용한 기능

[2-12] 장난을 사전에 차단하는 방법

장난치는 행동을 하지 않도록 계속 지도해서 학생 스스로 고쳐나가게 해야 한다.

3 아이들 반응을 유도하는 노하우

온라인 쌍방향 강의에서는 교과서 진도에 욕심을 내서는 안 된다. 수업 영상을 녹화해서 보여 주는 경우는 1시간 분량을 녹화해서 보여줄 수 있지만, 온라인 쌍방향으로 진행되는 강의에서는 진도를 빠르게 나가기보다는 학생들이 적극적으로 참여할 수 있도록 다각도로 살펴서 촘촘하게 수업 설계를 한 후 강의를 진행해야 한다.

1) 강의 지도안 설계는 세부적으로

온라인 강의 지도안은 촘촘하고 세부적으로 구성한다. 학생들의 집중도를 높이기 위해 공유된 수업 자료에 형광펜으로 표시하고, 애니메이션 등 3분 이내 동영상, 수업과 관련된 사진이나 그림자료 등 다양한 자료를 활용하여 역동적인 강의를 진행한다. 온라인 강의 특성상 같은 유형의 패턴이 지속된다면 아이들은 지루해하고 관심을 돌리거나 돌출행동을 하게 된다.
침묵하고 돌출행동하는 아이들이 없도록 수업 설계를 세부적으로 구성한다. 온라인 수업은 더 큰 집중력을 요구한다. 강의를 듣는 학생들은 5분 이상 지속되는 화면 속 강의에 정신이 점점 흐려지기 시작한다. 그래서 5분 이내 단위로 잘게 세부적으로 수업 설계를 구성해야 하는 것이다.

2) 적절하게 질문하는 방법

온라인 강의에서 아이들의 반응을 유도하는 방법 중 하나는 질문하는 것이다. 학생들이 먼저 질문하기보다는 교사가 먼저 열린 질문을 함으로써 아이들이 자유롭게 발표할 수 있는 방법을 구상한다. 질문에 답변할 학생들이 손을 들면 교사는 손든 학생을 음소거 해제시키고, 발표가 끝나면 다시 음소거한다.

질문하고 학생을 지목하여 답변하게 하려면 공유를 중지하고 학생들 전체를 바라보며 질문해야 한다. 25명 이내인 경우 노트북이나 데스크톱에서는 한 화면에서 모두 볼 수 있지만 25명 이상 되는 경우는 다음 화면으로 넘기면서 학생들이 질문에 손을 들고 답변할 수 있게 해야 한다.

질문할 때는 온라인 강의에 집중하지 못하고 산만하거나 엎드려 있는 아이 이름을 부르면서 질문하는 것이 학생들의 수업 집중도를 높이는 방법이다. 온라인 강의에서는 역동성을 갖기 위해 계속 말을 걸어야 한다.

3) 중간중간 공유를 끊고 몰입도 높이기

온라인 쌍방향 수업을 듣다 보면 공유한 수업 자료가 장시간 보여질 경우 지루해할 수밖에 없다. 지루함을 조금이라도 해소하기 위해서는 교사가 PPT 화면을 두세 개 정도 보여 주고 공유를 해지한 뒤 질문하고 아이들이 발표하게끔 하는 것이 좀 더 역동적으로 강의를 이끌어 나갈 수 있는 방법이다.

PPT 화면을 보고 설명만 하지 말고 PPT 화면 속 〈형광펜〉 기능을 활용하여 마우스로 표시하면서 강의하면 몰입도가 향상된다. 파워포인트나 줌에서는 강의 시 유용한 기능들이 많다. 〈형광펜〉 기능을 적절히 활용하다 보면 학생들의 주의력을 끌어올리는 노하우를 익힐 수 있다.

수업을 밋밋하게 진행하기보다는 중간중간 질문과 영상, 사진 자료를 제시하기 위해 공유를 해제하고 화면을 바꿔 주면서 아이들

[2-13] 형광펜 활용하여 설명하기

과 소통하려는 노력을 해야 한다. 이러한 역동적인 수업 방식은 온라인 쌍방향 수업에서 꼭 필요한 스킬이다.

4) 효율적인 온라인 첨삭지도 방법

온라인 쌍방향 수업에선 학생을 첨삭지도하는 데 어려움이 있다. 특히 수학 과목은 아이들이 문제를 풀고 교사가 첨삭지도하는 것이 쉽지 않다. 마우스펜을 활용하여 화이트보드에서 교사가 직접 풀어 주는 과정을 실제로 보여 주는 수업이 되어야 한다. 이렇게 교사가 직접 보여 주는 강의는 학생들에게 큰 도움이 된다.

교사가 과제를 주면 아이들은 노트에 해당 문제를 풀고 이를 공유해서 다른 친구들 앞에서 설명하도록 한다. 이때 교사는 발표하는 아이에게 〈공유〉할 수 있는 권한을 주고 〈음소거 해제〉를 해서 설

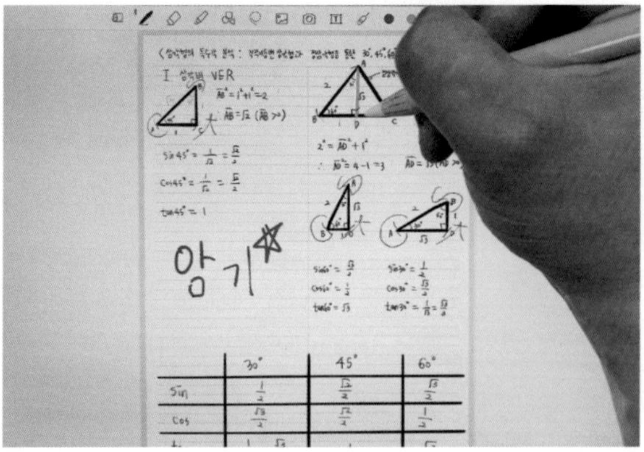

[2-14] 마우스펜으로 첨삭지도하는 모습

명할 수 있게 한다.

발표가 끝나면 다시 〈공유〉와 〈음소거〉 버튼을 이용해 학생들에게 궁금한 것을 질문하게 한다. 발표한 학생은 친구들의 질문에 답변한다. 이때 교사는 질문하려고 손드는 학생이 말할 수 있게 〈음소거〉 버튼을 해제해 줘야 한다.

학생들의 설명이 끝나면 교사는 [2-14]처럼 직접 마우스펜을 활용하여 문제풀이 과정을 정리해 준다. 수학뿐만 아니라 모든 과목이 줌을 활용한 온라인 쌍방향 교육에서 모둠별 및 개인별 발표를 한다. 교사가 직접 필기하면서 설명해 주면 유익한 온라인 강의가 될 것이다.
줌을 활용한 온라인 강의에서도 학생들이 능동적으로 참여할 수 있도록 교사는 사전에 철저한 준비를 해야 한다. 이때는 시간 조절에 주의해야 한다.

5) 비언어적 표현도 적절하게 사용하기

온라인 쌍방향 수업에서도 비언어적 표현을 적절하게 사용하도록 한다. 줌 기능에는 [2-15]와 같이 엄지척과 손뼉치기로 〈반응〉을 표시할 수 있는 기능이 있다. 이 기능을 이용하여 학생들이 의사표현을 하기도 한다.

[2-15] <반응> 기능 활용

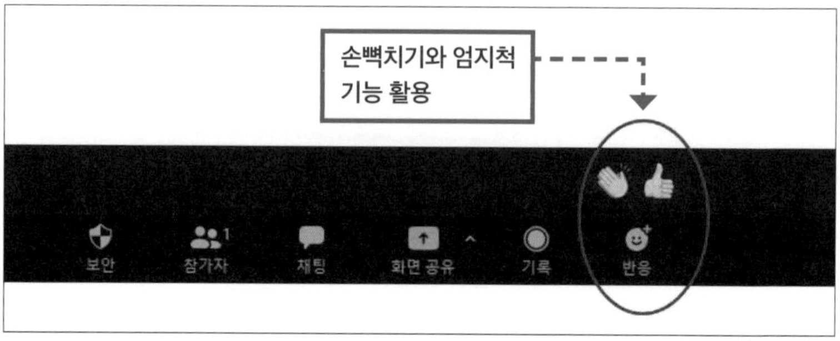

교사나 학생들은 손이나 팔을 활용하여 의사표시를 할 수 있다. 질문이 있으면 손바닥을 펴서 들거나, 선생님 질문에 팔 모양을 이용하여 O, X를 표현하는 식이다.

6) 활동지 작성 시 지루하지 않게 하는 법

수업 중 활동지나 교과서 꿈 키움 활동지를 작성해야 할 때 "5분 동안 작성해서 화면으로 보여 줘요"라고 말하기보다는 "여러분들이 활동지를 작성할 동안 음악을 들려줄게요. 음악이 끝날 때까지 작성하고, 다 하면 화면으로 보여 줘요."라고 유도한다. 또는, 사진을 찍어서 채팅창에 올려달라고 해도 된다. 음악을 틀어 주고 활동하게 했을 경우 온라인 환경에서 조용한 분위기를 수월하게 만들어나갈 수 있다.

학생들은 음악이 끝날 때쯤 시간이 다 되어 간다는 것을 자연스레 알 수 있다. 음악은 학생들이 집중하는 데 방해되지 않도록 조용한 음악이 좋다.

[2-16] 온라인 쌍방향 음악수업

음악이나 미술 수업은 교사가 실제로 활동을 보여 줘야 하는 수업이다. 이런 과목은 스마트폰과 노트북에 각각 줌을 설치해서 스마트폰 줌 화면으로는 교사가 직접 시범을 보여 주고, 노트북으로는 학생들이 제대로 따라 하는지 수업 태도를 체크하면 된다. 음악, 미술, 체육 과목은 이러한 방법을 선택하면 좋을 것 같다.

4 신나게 강의하다 연결이 끊길 때

온라인 쌍방향 수업에서 가끔 강의가 중단되는 경우가 있다. 노트북에서 줌으로 수업을 진행하면서 전원 코드 상태를 미리 파악하지 않은 경우도 있다. 무선 인터넷이 중간중간 끊김 현상이 발생하는 경우에도 강의가 중단된다.

온라인 쌍방향 강의를 진행할 때는 모든 상황을 고려해서 점검해야 한다. 노트북을 100% 충전시키고 강의를 시작했는데 끝날 때쯤 노트북 화면이 완전히 나가는 경우도 있다. 순간 당황하겠지만, 학생들은 그대로 줌 온라인 강의장에 있기 때문에 노트북이 충전될 때까지 스마트폰으로 접속하여 학생들에게 상황을 설명하며 강의를 진행해 나가야 한다. 신나게 강의하는데 연결이 끊기는 경우를 더 살펴보자.

첫째, 온라인 강의에서 가장 중요한 것은 와이파이가 팡팡 잘 터지는가이다. 와이파이 신호가 약하면 버퍼링이 걸리고 줌 영상이 끊기는 사고가 발생한다.

이런 경우에는 영상 끊김 현상을 방지하기 위해 스마트폰이나 태블릿 피시 또는 다른 노트북을 활용한다. 또는 스마트폰 핫스팟을 이용하는 방법도 있다.

스마트폰에서 〈설정〉 ⇨ 〈연결〉 ⇨ 〈모바일 핫스팟 및 테더링〉 ⇨ 〈모바일 핫스팟〉을 활성화시키고, 노트북에선 와이파이를 스마트폰 핫스팟으로 연결 설정하면 된다. 스마트폰으로 연결했을 경우 배터리 소모가 크므로 완전 충전해야 한다.

둘째, 영상을 공유할 때 슬라이드쇼를 클릭하여 강의를 진행 중에는 공유 해제가 제대로 되지 않는 경우가 발생한다. PPT 자료나 영상을 보여줄 경우에는 전체화면보다는 화면을 작게 해서 보여주는 것이 줌을 활용하는 데 유용하다.

셋째, 〈공유〉 기능이 저절로 해제되는 사태를 막아야 한다. C교사에게서 전화가 왔다. 한글 파일을 공유하는데 자꾸 공유 해제된다는 메시지가 뜨면서 공유가 제대로 안 된다는 것이다. C교사의 교실로 가서 공유를 시행했지만 역시나 해제돼 버렸다.

〈공유〉를 누르면 [2-17]과 같이 '화면 공유 중입니다'라는 메시지가 나타나야 한다. 그런데 한글 자료를 공유하면 '화면 공유가 해제됐습니다'라는 메시지가 나타나면서 시스템이 자동으로 공유를 해제해 버렸다.

필자는 USB에 담겨 있는 한글 파일을 노트북 본체로 옮겨 놓고 다시 〈공유〉 기능을 눌렀다. 그랬더니 '화면 공유 중입니다'라는 메시지가 뜨면서 공유가 되기 시작했다.

"다른 파일들은 다 공유가 됐는데 왜 이 파일만 안 되는 거죠?"

C교사는 이해할 수 없다는 듯 말했다.

"선생님이 공유하려 했던 자료는 출판사에서 보내준 자료이다 보니 외장 USB에서 불러들이는 데에 우리가 알지 못하는 보안이

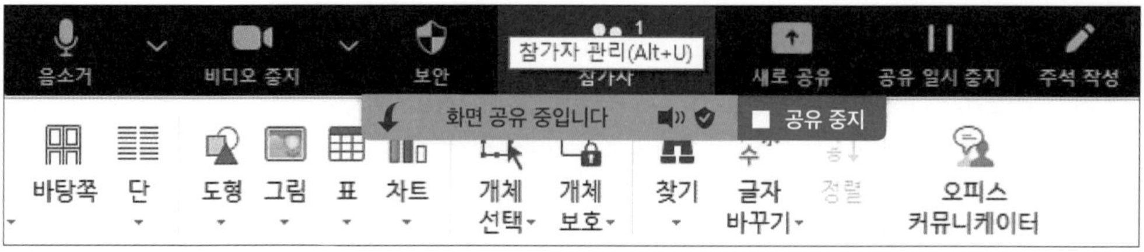

[2-17] 화면 공유 중

걸려 있는 것 같아요. 앞으로는 자료를 노트북 바탕화면에 복사한 후 공유를 하면 별문제 없을 거예요"라고 알려 줬다. 한글이나 PPT 파일 등 다른 사람이 만든 것은 공유가 해제될 수 있다. USB에 있는 파일은 본체로 옮긴 후 〈공유〉를 눌러야 한다.

넷째, 쌍방향 강의 중 시스템 에러 메시지가 뜨는 경우다.

쌍방향 강의 도중 [2-18]과 같이 '시스템 리소스가 부족하여 오디오 품질에 영향이 있을 수 있습니다. 성능을 높이려면 일부 애플리케이션을 닫아 보십시오'라는 메시지가 뜬다. 이 메시지는 컴퓨터 메모리가 부족해서 나타나는 현상이다. 데스크톱 컴퓨터라면 연식이 오래됐을 경우 나타날 수 있다.

[2-18]과 같이 메시지가 뜨면 일단 사용하지 않는 앱을 삭제해 보고, 나아지는 게 없다면 메모리 칩을 추가로 부착해야 한다. 메모리 칩을 부착한다고 해도 컴퓨터가 너무 오래됐으면 호환이 되지 않는다. 이런 경우가 자주 나타날 경우에는 학교 관리자나 컴퓨터 관련 담당 교사에게 도움을 요청한다.

온라인 쌍방향 강의 도중 나타날 수 있는 끊김 현상들을 살펴봤다. 학교 현장에서는 원활한 무선 와이파이 사용이 아직은 어렵다.

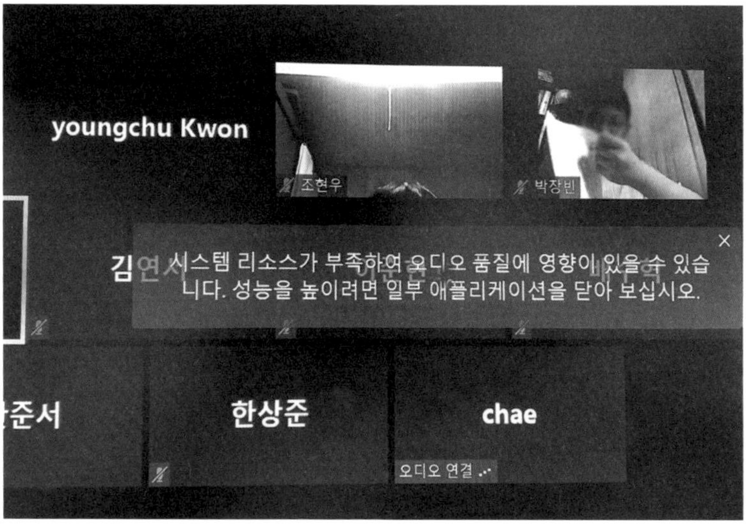

[2-18] 시스템 에러 메시지

코로나19 확산으로 교육청에서 설치는 해 주지만, 전체 학급에 설치되어 있지 않고 복도에 한두 개 설치되어 있다 보니 접속이 원활하지 않은 거다.
가정마다 온라인 강의를 들을 수 있는 환경이 다르기 때문에 영상 끊김 현상은 발생할 수밖에 없다. 영상 끊김으로 학생들이 강의를 제대로 듣지 못하는 상황을 고려하여 수업 영상을 기록하고 수업 자료를 채팅창에 공유해 줘야 한다. 그래야 온라인 수업 후에 다시 복습할 수 있기 때문이다.

온라인 실시간 수업에서 학생들이 가장 어려움을 겪는 문제들을 정리해 봤다. 네트워크 문제로 접속이 어렵고 접속 후에는 소통이 어렵다.
수업 중 주변 시끄러움을 방지하기 위해 교사는 〈음소거〉를 하고 강의하기 때문에 학생들과 소통에 어려움이 있다. 또한 채팅을 활용하더라도 교사가 채팅창을 보지 않는다면 즉각적인 소통에 어려움이 있다. 영상 끊김을 방지하기 위해서는 항상 플랜 B 강의계획을 세워두는 것이 좋다.

쌍방향 온라인으로 강의를 하다 보면 학생들이 교사의 음성이 안 들린다며 어려움을 호소한다. "소리가 끊겨요", "목소리가 들리지 않아요", "주변에서 이상한 소리가 나요" 등 각 가정에서의 네트워크 환경에 따라 이런저런 상황이 발생한다. 이럴 경우에는 수업자료를 채팅창으로 보내 주거나 이메일로 보내 주면 된다.

5 혼자서도 잘 떠들려면?

1) 교사는 연기자가 되어야 한다

온라인 강의나 영상 촬영은 혼자서도 잘 떠들어야 한다. 강의실에서 혼자 지루하지 않게 강의를 진행하기 위해서는 연기자가 되어야 한다. AI가 글을 읽듯이 무미건조하게 말을 해서는 안 된다. 지루한 말투를 버려야 한다. 혼자 말하듯이 혹은 소리의 톤이 일정하게 책을 읽듯이 발음하면 학생들이 지루해하고 재미없어진다. 강의 원고를 작성할 때부터 원고에 여러 액션이 들어가야 한다.

사례 1	대인관계는 사람이 태어나면서부터 주변 사람들과 관계를 맺으며 살아가는 것을 의미한다. 대인관계가 원만하려면 상대방을 배려하고 서로 협력하여 상대방에게 신뢰감을 느끼고 서로 도움을 주고받고 존중하는 태도가 필요하다.
사례 2	여러분, 대인관계란 어떤 걸까요? 그리고 대인관계가 원만하려면 어떤 행동을 해야 할까요... 누가 손들고 발표해볼래요? 네, 아주 잘했어요. 대인관계는 우리 인간이 태어나서 주변 사람들과 관계를 맺으며 살아가는 것을 말해요. 또한 원만한 대인관계를 맺기 위해서는 상대방을 배려고 서로 협력할 줄 알아야 해요. 그래야지 상대방에게 신뢰감을 느끼고 서로 존중하는 태도를 갖게 되겠죠. 대인관계에 대해 이해할 수 있겠죠?

[사례 1]과 [사례 2]를 비교해 보면 [사례 2]의 문장이 덜 지루하게 느껴지고 실제로 교사가 학생들에게 이야기하듯이 원만한 관계를 만들어 가고 있다.

[사례 2]처럼 연기자가 되어 말투와 말의 속도, 높낮이를 적절히 구사하며 강의를 진행해야 한다. 수업 설계부터 이러한 액션이 원고 속에 포함되게 구성해야 한다. 그냥 글을 읽는 것과 내 언어로 말하는 것은 다르게 느껴지기 때문이다.

단어 하나하나 또는 음절 하나하나 또박또박 발음하고 자신의 말에 생명을 불어넣어 줘야 한다. 무미건조한 설명은 강의하는 교사도 힘들고 수강하는 학생들도 지루할 뿐이다.

강의 주제와 관련 있는 사례들을 적절히 활용해야 한다. [2-19]처럼 교사는 강의 시 활용할 수 있는 다양한 도구와 자료들을 가지

[2-19] 강사는 강의 주제와 관련 있는 사례들을 적절히 활용해야 한다.

고 연기를 해야 한다.

무미건조하게 교과서에 있는 이론만 설명한다면 강의는 재미없게 시간만 흘러가고 학생들과 학부모들의 만족도는 떨어지게 된다. 이론 설명과 적절한 관련 사례, 교사의 경험담을 소개해 주면 재미있게 수업을 이끌어 갈 수 있다.

사례 3

- 집에서 강의를 들으니 편하다.
- 종일 전자파 때문에 힘들다.
- 학교에서 듣는 수업보다 집중이 되지 않는다.
- 어색하고 불편하다.
- 의사소통이 좀 더 활발했으면 좋겠다.
- 온라인 수업이 편리함은 있지만 감시가 없어 조금 집중이 힘들다.
- 처음 해보는 경험이라 생각보다 유익하다.
- 매일 컴퓨터 앞에 앉아 있으니 머리가 아프다.
- 생방 말고 녹화방송으로 하면 더 좋을 것 같다.
- 친구들의 장난치는 소리가 시끄럽고 집중력이 흐트러진다.
- 선생님과 쌍방향으로 소통해서 좋다.
- 수업 중 버그가 발생하여 내용이 잘 안 들릴 때는 불편하다.

[사례 3]은 J고등학교 1학년 학생들에게 온라인 개학 일주일 후 설문한 내용이다. 교사는 학생들이 어떤 생각을 하고 있고, 가정에서 수업을 들으면서 어떤 마음가짐으로 참여하는지 파악할 줄 알아야 한다.

[사례 3]의 아이들 반응을 살펴서 강의를 진행해 보자. 학생들이 없는 빈 강의실에서 혼자 떠든다는 것은 쉽지 않은 일이다. 학생들에게 적절히 질문도 하고 지루하지 않은 교사의 액션도 필요하다. 교실에 아이들이 있다고 생각하고 수업을 진행해야 한다.

2) 교사의 시선이 불안해선 안 된다

온라인 강의 시 시선 처리도 중요하다. 카메라 렌즈를 정확히 쳐다보고 설명해야 한다. 중간중간 원고를 보면서 진행해야겠지만, 최대한 눈동자는 카메라 렌즈를 쳐다보고 강의해야 한다.

노트북에 HDMI 연결선을 TV 모니터나 대형 스크린에 연결하여 화면을 보면서 설명하게 되면 눈동자가 아래로 향하지 않고 카메라를 보면서 설명하는 것같이 보인다. 교사의 시선이 분산되면 강의를 듣는 학생들 입장에서는 교사가 불안해 보인다.

3) 목소리도 파도를 타라

목소리 톤과 속도는 일정해서는 안 된다.

"교실 수업에서는 선생님 목소리가 우리 학교에서 제일 큰데, 영상촬영에서는 목소리가 모깃소리만 해요."

오 선생님은 J중학교 교사 중에 목소리가 가장 크다. 4층에서 강의하는 소리가 1층까지 들릴 때도 있다. 한데, 노트북으로 수업 자료를 녹화하는데 목소리가 모깃소리만 하다. 녹화한 영상을 들어도 목소리에 전혀 힘이 들어가 있지 않다.

온라인 강의에서 목소리 톤과 속도는 중요하다. 학생들의 지루함을 깨부수어 주기도 하고 온라인 특성상 전달하는 힘이 있어야 하기 때문이다. "도레미파솔미레솔"처럼 높낮이를 적절하게 그리고 또박또박 큰 소리로 발음해야 한다.
연기자들이 높낮이 없이 대본만 읽는다면 이 영화는 폭망하게 된다. 말에는 전달력이 있다. 연기자가 연기하듯 혼자서도 대본을 읽을 때는 연기하듯이 해야 한다. 교실에 혼자 있기 때문에 창피하지도 않다.

4) 학생들 이름 외우는 건 교사의 기본

강의할 때는 학생들의 이름을 미리 파악해 둬야 한다. 강의 도중 학생들의 이름을 불러 주면 더 친근감이 생긴다. 노트북 옆에 항상 강의 자료와 학생 명단은 필수로 준비해야 한다. 학생들 입장을 고려하여 학생들 눈높이에서 강의가 진행되어야 한다. 온라인 쌍방향 강의에서는 더욱 중요한 팁이다.
온라인 강의는 학생들의 참여를 더욱 유도해야 한다. 학습 목표를 같이 읽어 볼 수도 있고, 영어 수업인 경우 문장이나 단어를 학생들이 읽게 할 수도 있다. 강의실에서 혼자 하는 수업이지만 아이들을 참여시키는 여러 방법을 개발해야 한다.

6 강의하며 채팅으로 답변하는 노하우

1) 멀티플레이어가 되어라

온라인 강의를 잘하려면 멀티플레이어가 되어야 한다. 눈으로는 학생들 동향을 파악하고 입으로는 설명하고 양손으로는 채팅창에 올라온 질문에 답변도 달고 강의 자료를 채팅창에 올려주기도 한다. 눈, 입, 귀, 양손이 모두 활발하게 움직이면서 강의를 하다 보니 오프라인 강의보다 두 배 이상 힘이 든다.

수업 중 채팅창에 올려야 하는 내용과 올리지 말아야 하는 내용을 설명해 준다. 채팅창에서 장난친다든가 수업 내용과 전혀 상관없는 글이 올라오지 않도록 주의해야 한다. 항상 강의 내용과 관련된 질문과 답변을 하도록 지도한다.

학생들은 쑥스러워서 제대로 질문과 답변을 하지 못한다. 채팅창에서도 〈모두〉를 선택하지 말고 〈선생님〉을 선택해서 궁금한 것들을 질문하게 하고 교사의 질문에 답변하게 한다. 또는 전체 학생들에게 도움이 되는 이야기들은 〈전체〉를 선택해서 채팅창에 글을 올리게 한다.

적절한 질문을 해야 학생들이 긍정적으로 반응한다. 질문은 학생

최은찬에서 나에게: (비공개로) 12:37 PM
친구들과 같이 활동할수 있어서 좋았고
최태영에서 나에게: (비공개로) 12:37 PM
가족과의 의사소통이 중요한지 몰랐고
박준우에서 나에게: (비공개로) 12:37 PM
오늘 매우 뜻이 깊은 시간이었다. 앞으로 부모님과 많은 대화를 해야겠다 좋은 강의 알려주셔서 감사합니다.
조동인에서 나에게: (비공개로) 12:37 PM
오늘 수업은 언어적 표현과 비언어적 표현을 알게 되었고 그러므로 매우 뜻깊은 시간이었다.
송동혁에서 나에게: (비공개로) 12:37 PM
오늘 진로와직업을 처음으로 줌을 사용하여 수업을 해봤는데 E학습터로 영상보면서 하는거보다 재미있었고
조동인에서 나에게: (비공개로) 12:37 PM
또한 앞으로 오늘 배운것을 자주 쓸 것이다
오은혁에서 나에게: (비공개로) 12:38 PM
평소에는 동생에게 바로 뭐라고 했고 빽어갔는데 이제는 나 전달법을 사용해 내가 어떠하니 이런것을 하지마 이렇게 나태내야 겠다고 생각했다
김지훈에서 나에게: (비공개로) 12:38 PM
사과를할때 태도와 말투를 바르게해야 상대가 사과를 제데로 받는다는것을 알았습니다.
송동혁에서 나에게: (비공개로) 12:38 PM
오늘 배웠던 나 전달법을 사용해서 대화를 해봐야게습니다
하성민에서 나에게: (비공개로) 12:38 PM
오늘 수업에서 의사소통도 중요하고 공감하며 경청해야 사람들이 말할때 기분이안좋다는것을 알았고 열린질문을 해야겠다고 생각했습니다
이주한에서 나에게: (비공개로) 12:38 PM
오늘 배운 수업에서 나 전달법이 얼마나 중요한지 알게되었고 나도 앞으로 나 전달법으로 열심히 가족들과 대화를 해야겠다 오늘 수업이 너무 재미있었다.

[2-20] 채팅창. 비공개 채팅을 이용하면 더 많은 참여를 유도할 수 있다.

들이 대답하기 좋게 짧고 단순하게 해야 한다. "논설문과 설명문의 차이는 뭘까?", "자아존중감이 뭐라고 생각해?"처럼 학생들이 제대로 알고 있는지 점검하기 위한 질문이 좋다.

사례나 영상을 본 후 자신의 말로 느낀 점을 말하게 하는 질문도 좋다. "이 영상 네가 만들었니?", "선생님이 이야기한 사례를 듣고 어떤 생각이 들었니?", "영상을 보고 내용을 요약해 볼까?" 등 학생들이 답변할 수 있는 질문을 미리 만들어서 제시하고, 채팅창에 답변을 기록하거나 발표하게 한다.

카메라 렌즈를 주시하면서 강의하지만 오른손은 항상 채팅창과 참가자 명단을 살펴야 한다. 그래야만 누가 중도에 강의장을 빠져나갔는지 파악할 수 있다. 즉, 교사는 질문이나 답변을 실시간으로 할 수 있어야 한다는 뜻이다.
줌의 기능을 익히기 위해서는 꾸준히 실행하면서 몸으로 익혀야 한다. 채팅창을 적절하게 활용하게 되면 온라인 수업도 충분히 역동성 있게 진행할 수 있다.

2) 활동지는 파일로 보낸다

채팅창에는 파일도 전송할 수 있는 기능이 있다. 강의 영상을 보고 소감문을 작성할 수도 있고, 독후감을 작성하기도 하고, 영상을

[2-21] 활동지 예시

위 글을 읽고 질문 5개를 만들어요.	
1	
2	
3	
4	
5	

5개 질문 중 하나를 선택하여 여러분의 생각을 600글자 내의 산문형식으로 작성하세요.

촬영하여 파일을 채팅창에서 전송할 수 있다.
〈채팅〉 기능을 잘 활용하면 과제를 내주거나 학생들이 과제를 제출하기에 아주 용이하다. 줌에서 채팅창은 학생들과 소통할 수 있는 최적의 공간이다. 교사는 강의 도중 채팅창으로 질문을 하기도 하고, 학생들은 그 질문에 대한 답을 채팅창에 올릴 수 있다. 실시간으로 채팅창을 확인하여 답변할 수도 있지만, 상황에 따라서는 수업이 종료된 후에 채팅창을 확인하고 다음 시간에 설명해 줘도 된다. 이 경우에는 미리 학생들에게 공지해 줘야 한다.

3) 강의 마무리

온라인 쌍방향 강의는 학생들이 등교해 교실에서 하는 강의보다 에너지 소모가 크다. 그러나 수업 자료를 녹화한 영상을 플랫폼에 올려서 그냥 듣게 하는 것보다 학생들에게 도움이 된다.
온라인 쌍방향 강의에서도 수업 종료 5분 전에는 간단히 수업에 대한 평가가 이뤄져야 한다. 수업 영상만 올렸을 경우 학생들이 제대로 보지 않고 기억장치에 저장되지도 않는다.
강의 도중 중요한 내용은 모든 학생이 자료를 보며 함께 읽게 하든지, 아니면 교사가 읽어 주고 학생들이 따라서 읽게 한다. 따라서 읽게 하는 것도 자주 하면 혼란스럽다. 1시간에 한 번이나 두 번 정도 해 주면 수업 분위기 쇄신에도 도움이 된다.
"수업 영상 자료에서 등교 수업 때 수행평가 한다고 공지했는데,

아이들이 등교했길래 수행평가 한다고 했더니 아이들 반응이 처음 듣는 얘기라네?"

동료 교사의 넋두리다. 온라인 수업의 문제점이기도 하다. 그나마 줌을 활용한 수업은 아이들의 얼굴을 직접 보며 하는 수업이라 기억 속에는 남아 있을 것이다. 항상 수업을 시작하기 전에 앞 시간에 배운 내용을 확인하고, 수업이 종료될 시점에도 배운 내용을 학생들에게 다시 한번 질문해야 한다. 오래도록 기억에 남아 있게 하려면 학생들 언어로 말하도록 하는 게 좋다.

즉, 배운 내용을 돌아가면서 말하게 하던가 아니면 교사가 지명하여 배운 내용을 요약정리해서 말하게 한다. 그러면 말하는 학생뿐만 아니라 다른 학생들도 복습하는 시간이 된다. 줌을 활용한 쌍방향 수업은 자꾸 해봄으로써 적응해 나갈 수 있다.

교실 수업에서 학생들이 가장 싫어하는 방식이 교사 혼자 떠드는 수업이다. 학생들의 상황은 파악하지 않고 교과서 진도만 쭉 나가며 혼자 강의한다. 온라인 쌍방향 강의에서는 더더욱 교사 혼자 떠드는 수업이 돼서는 안 된다. 또한 강의 시작 전과 종료 후에는 손을 흔들면서 반갑게 인사하도록 하자.

쌍방향 온라인 강의에서 교사는 물론 학생들과 학부모들이 만족하기 위해서는 교사의 역량이 중요하다. 그만큼 강의 콘텐츠 개발과 강의 역량을 향상시키려는 노력이 뒤따라야 한다.

7 실시간 수업에서 모둠활동 방법

교실 수업에서 모둠별로 활동수업을 하듯이 줌을 활용한 쌍방향 실시간 수업에서도 모둠활동을 할 수 있다. 온라인 수업을 시작하기 전에 학생들을 성향별로 4~5명 모둠으로 구성한다. 모둠활동 시 방관자가 생기지 않도록 적절하게 구성한다.

학생들이 모두 입장하면 소회의실 운영 방법을 설명해 준다. 모둠별로 명단을 공지해 주고 모둠장을 자천 또는 추천으로 선발한다. 모둠별 토의 주제를 알려 주고 20분 동안 모둠별로 토의하고 발표자료를 만들도록 한다. 모둠활동은 2차시에서 3차시로 수업을 운영한다. 〈미래사회에 등장할 유망 직업〉을 예로 들어 쌍방향 온라인 수업에서의 소회의실 운영 방법을 설명한다.

1차시 수업은 쌍방향 온라인 수업으로 진행한다. 학생들에게 미래사회 변화 요인, 직업의 변천사 과정에서 사라지고 새로 생긴 직업들의 특성을 파악할 수 있게 가르친다. 2차시에 진행할 〈미래사회에 등장할 유망 직업 찾아서 발표하기〉 모둠활동을 하기 위한 사전 수업을 진행한다. 모둠 구성과 모둠장을 미리 준비해 둔다.

2차시에서는 줌 소회의실을 활용한 모둠활동 수업을 진행한다. 교사는 소회의실에서 모둠을 구성한다. 줌 홈페이지(http://zoom.us)에

[2-22] 소회의실 아이콘 생성

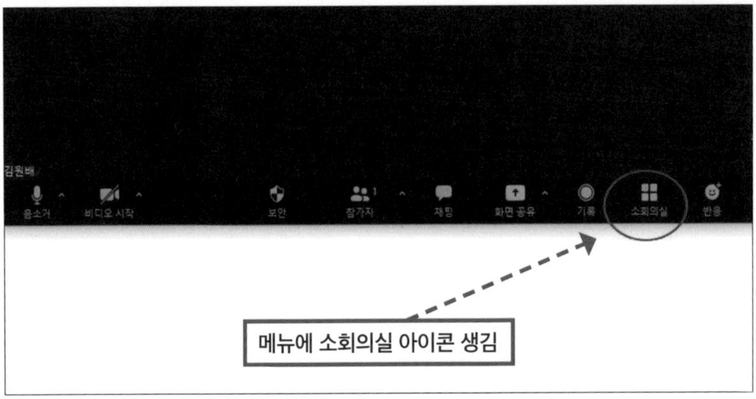

[2-23] 소회의실 만들기

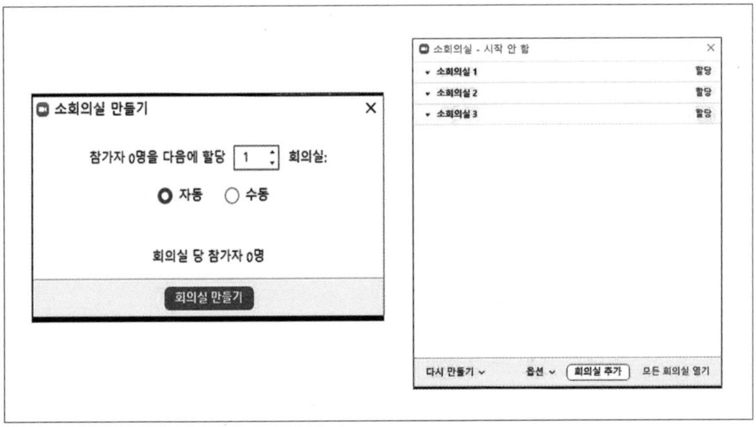

[2-24] 소회의실 옵션 소개

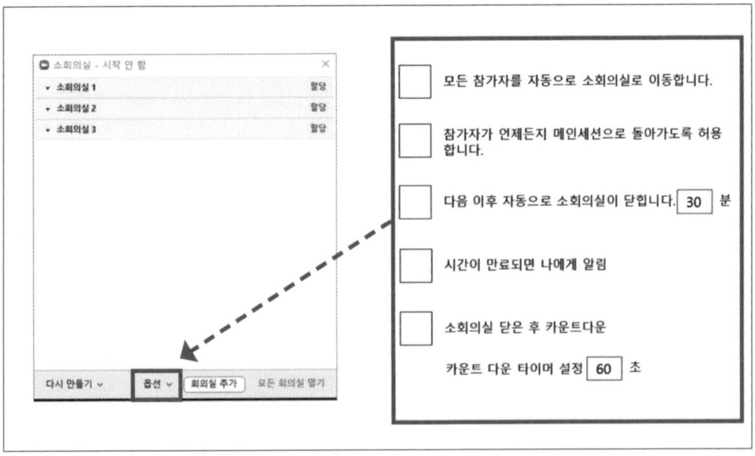

서 소회의실을 활성화해 주면 [2-22]처럼 메뉴에 〈소회의실〉 아이콘이 생긴다. 이 〈소회의실〉 메뉴를 선택해서 회의를 진행하면 된다.

〈소회의실〉 메뉴를 클릭하면 [2-23]의 화면이 뜬다. 학생 전체 인원을 파악하여 몇 모둠으로 만들 것인지 숫자를 클릭하면 모둠이 구성된다. 모둠별 참가 명단은 자동으로 참가할 수 있게 할 수도 있고 교사가 학생들의 성향에 따라 수동으로 구성할 수도 있다. 소회의실은 최대 50개까지 만들 수 있다. 소회의실 명칭을 바꿀 수도 있다. '소회의실1', '소회의실2' 등을 '1조', '2조' 등으로 변경하고 〈할당〉을 클릭하여 학생들을 적절하게 모둠으로 배정할 수 있다. 소회의실 운영에 따른 옵션을 체크할 수 있다. 〈모든 참가자를 자동으로 소회의실로 이동합니다〉를 체크하면 할당한 소회의실로 자동으로 이동하고, 체크하지 않으면 학생들에게 소회의실로 참가할 것인지 물어본다. 이때는 학생들이 참가를 승인하면 소회의실로 입장할 수 있다. 소회의실 운영 시간도 지정할 수 있다. 〈다음 이후 자동으로 소회의실이 닫힙니다〉 칸에 체크하고 시간을 지정해 주면 된다. 시간은 10분, 15분, 30분, 60분, 120분으로 세팅되어 있다. 모둠활동에 필요한 적절한 시간을 지정하면 된다.

각 소회실로 모든 학생들이 입장하고, 모둠장이 줌 호스트가 되어 각 소회의실에서 토의를 진행한다. 모둠활동에는 회의를 진행하는 모둠장도 있어야 하고 자료를 정리하는 기록원도 있어야 한다.

각자 1~2개 씩의 미래유망 직업을 발표하면 기록원은 PPT로 발표자료를 만든다. 이때 교사는 소회의실에서 모둠별로 활동하는 모습을 확인할 수 있고 각 소회의실로 입장해서 도움을 줄 수도 있다. 모둠활동 중에 학생들이 교사의 도움이 필요하면 [2-25] 화면 상단에 있는 〈도움 요청〉 버튼을 누르면 된다. 교사는 요청한 소회의실로 입장하여 학생들을 지도할 수 있다.

소회의실에서 학생들이 토의할 시간은 15분 정도로 지정해 준다. 정해진 시간 안에 모둠활동을 끝낸 후 소회의실을 닫으면 학생들이 다시 본회의 화면으로 입장한다. 학생들이 소회의실에서 회의를 종료하고 본회의장으로 입장하는 것도 [2-24] 옵션에서 지정할 수 있다. 여기서 시간을 조정해 주면 소회의실에서 마무리하고 본회의장으로 입장할 수 있다.

교사는 모든 학생이 본회의 화면으로 집결한 것을 확인 후 각 조별 모둠장이 〈미래사회에 등장할 유망 직업〉을 발표하게 한다. 조

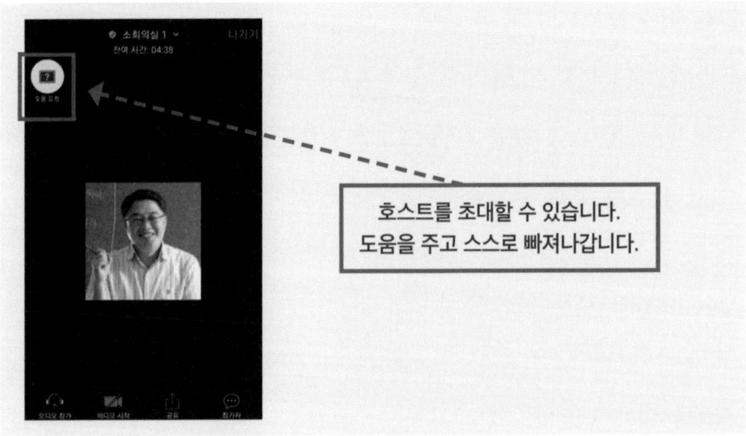

[2-25] 호스트 소환

별 발표에서 모둠장의 발표가 끝난 후 다른 조 학생들이 자유롭게 질문을 하게 한다.
모든 모둠의 발표가 끝나면 교사는 〈미래사회에 등장할 유망 직업〉에 대한 보충설명과 함께 열심히 활동해 준 학생들을 격려해 준다.

줌에서도 2차시 정도 학습 계획을 세워서 모둠활동을 할 수 있다.

CHAPTER

03

화상강연의 전략과 기법

고정욱

1 코로나가 선물을 줬다고?

코로나19는 무서운 녀석이다. 기존의 어떤 위기보다 강력하다. 이 책을 발간하는 지금까지도 끝나지 않았고 종식은 요원할 뿐 아니라 이차 대감염으로 이어질까 우려하는 상황이다.

우리 공동 저자 네 사람은 유격대를 구성하여 줌을 쓰기 시작하면서 놀라운 패러다임의 전환을 경험했다. 이것이야말로 코페르니쿠스적 반전이었다.

화상의 물결이 밀어닥치고 있는 이 시점에서 다른 강사들은 코로나가 어서 끝나기만을 기다리고 있는데 틀린 생각이다. 종식은 없

[3-1] 꾸준한 훈련만이 새로운 물결에 적응할 수 있는 비결이다.

다는 생각으로 플랜 B를 준비해야 한다. 그 플랜 B가 바로 줌이다. 화상으로 수업과 강연을 할 수 있게 된 것. 이것은 코로나가 준 선물이었다. 줌 유격대는 매일 아침 줌을 활용한 화상회의 훈련을 통해 얼마든지 강연이 가능하다는 사실을 깨닫게 되자 자신감이 생겼다. 줌을 통한 화상강연을 해보리라 결심한 나 역시 마찬가지다.

1) 코로나19로 위기를 겪을 강사는 누구인가?

강연계는 참으로 다양한 강사들이 활동하는 곳이다. 이들은 철저하게 오프라인 강연에 맞춰져 있는 사람들이다. 직접 청중들을 만나 대면하여 감동을 준다. 하지만 코로나로 인해 비대면 문화가 확산하면서 그들이 감동을 줄 방법은 사라지고 말았다. 나 역시 마찬가지다. 강사들은 큰 위기를 맞이했다. 그들의 유형을 생각나는 대로 적어 보면 다음과 같다. 자신이 어디에 해당하나 체크해 보기 바란다.

- ☐ 존재 자체가 감동인 강사
- ☐ 청중 사이를 누비고 다니는 강사
- ☐ 사람들 불러내서 이야기하거나 인터뷰하는 강사
- ☐ 액션이 화려한 강사
- ☐ 현장 분위기 파악이 빠른 강사
- ☐ 거액의 강사료를 부르는 강사

- 질문과 대답을 잘하는 강사
- PPT 위주의 강사
- 동영상과 사진 자료에 능숙한 강사
- 실습 위주의 강사
- 청중을 휘어잡는 강사
- 전국을 빨빨대고 다니는 강사
- 변화를 거부하고 적응력 떨어지는 강사
- 남의 글, 책, 명언, 문구, 유행어, 동영상을 인용하는 강사
- 멋진 의상의 패셔니스타 강사
- 악기, 노래, 춤, 개인기 등으로 무장한 예능 강사
- 기계치, 아날로그, 초상권 강조하는 강사
- 그 밖의 웃음 강사, 용기 강사, 감동 강사, 경제경영 강사, 자기계발 강사, 외국어 강사, 사투리 쓰는 강사, 발음 나쁜 강사
- 아울러 강의기획사, 강사 에이전트, 출판사, 강사아카데미

여기에 하나라도 해당하는 사람들은 큰 어려움을 겪고 있다. 강연으로 먹고사는 대부분이 위기를 맞았다는 뜻이다. 유명 강사인 K도 데리고 있는 직원들 월급이 밀려서 하늘이 노랗다고 했다. 더 안타까운 사실은 주위 강사들이 대개 다음과 같은 착각에 빠져 있다는 거다. 미안하지만 이제 꿈을 깰 때가 되었다.

1. 코로나가 끝난 뒤 다시 강연시장에서 불러줄 거라고 믿는 경영 강사

경제경영은 세상과 밀접한 관련이 있다. 그런데 코로나가 끝난 뒤의

[3-2] 코로나19 이후 오프라인 강연은 여건이 어렵게 되었다.

세상이 지금과 같을 거라고 여긴다면 그는 경영 전문 강사가 아니다.

2. 화상강연은 안 해봐서 못한다는 자기계발 강사

자기계발은 하기 싫은 것, 못하는 것을 해보고 도전하는 일이다. 그런데 자기계발을 강조하고 다니는 강사가 못한다고 하는 건 언어도단이다.

3. 코로나로 망했다고 좌절하는 용기 강사

용기는 절망에서 빠져나올 수 있는 유일한 탈출구다. 그걸 설파하는 강사가 좌절한다는 건 자기모순이다.

4. 코로나 빨리 끝나라고 기도하는 감동 강사

감동은 기적이 일어날 때 느끼는 것이다. 스스로 돌파구를 찾아냈을 때 얻는 희열이다. 그런데 노력 없이 기도만 한다면 그는 강사 자격이 없다.

이제 우리가 나아갈 곳은 줌밖에 없다. 줌을 통해 새로운 화상강연과 화상교육의 문을 열어야 한다.

2) 화상강연, 어떤 문제가 있나?

일단 집중도가 떨어진다. 학교 수업이나 일반 강연의 경우 청중이 한 공간에 모여 있고 상호 비언어적 소통이 가능해서 집중도가 높다. 하지만 줌을 통한 화상수업이나 강의는 오로지 작은 모니터

[3-3] 작은 화면에 사람 얼굴이 빼곡하다 보니 집중도가 떨어질 수밖에 없다.

화면만을 보아야 한다. 교사나 강사, 회의 주최자의 얼굴만 보이기에 쉽게 싫증나며 집중도가 떨어진다.

또한, 청중의 주변과 주의가 산만하다.
D초등학교 학생들을 대상으로 화상수업을 하는데 갑자기 어딘가에서 학부모의 잔소리가 들렸다.
"○○야! 방안 물건을 똑바로 정리해야지!"
화면 속 아이는 갑자기 고개를 돌리며 화면에서 사라졌다. 이런 일들이 비일비재하다. 각 가정에서 수업에 참여하기 때문이다.
온라인상의 문제도 자주 발생한다. 와이파이 공유기는 멀리 있으면 신호가 약하다. 그렇다 보니 신호가 끊기기도 하고 꺼지기도 한다.
무엇보다 화상강연은 아직 초기 단계라 사용자의 프로그램 숙련도가 떨어진다. 전 세계 수억 명의 줌 사용자가 있다지만 아직도 70억 전체 인구에 비하면 이제 시작인 셈이다. 페이스북 일간 이용자 수가 20억 명이 넘는 것에 비하면 아직 갈 길이 멀다.

3) 무엇이 대안인가?

성공적 화상강연, 화상수업의 노하우는 기존의 대면 방식에서 유용했던 것들을 다 버리는 것이다. 줄줄이 판서하고 PPT를 보여 주고 회의 자료를 나열하는 방식은 이제 끝났다. 새로운 방식을 고민해야 한다.

마지막 퀴즈 - 주관식

- ▶ 아침엔 네 발
- ▶ 점심엔 두 발
- ▶ 저녁엔 세 발인 동물이 뭐냐는 수수께끼의 답은 사람입니다.

- ▶ 그렇다면 이런 퀴즈를 내서 인간은 누구나 늙으면 장애인이 된다는 걸 깨닫게 해 준 고대 괴물의 이름은 무엇일까요?

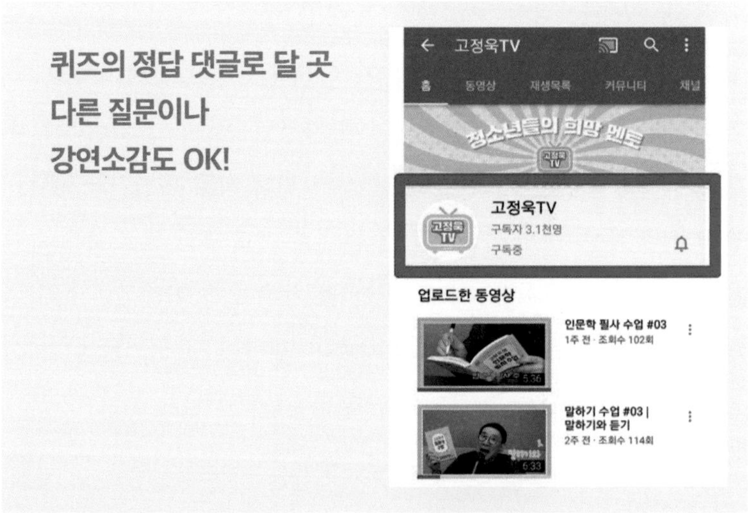

[3-4] 강연 말미의 질문은 청중과의 소통을 돕는다.

화상에서의 만남 이후도 신경 써야 한다. 화상에서의 모임이 끝나면 곧바로 각자의 단절된 공간으로 돌아가기 때문에 뭔가 다음 시간을 기대할만한 여운을 남겨야 한다. 수업 말미에는 예시처럼 가벼운 퀴즈를 내거나 소통을 위해 연락처를 알려 주는 것이 좋다. 화상수업의 미비한 점은 SNS 같은 다른 소통 수단을 통해 보완해야 한다.

2 화상강연의 강사료 문제

1) 얼마를 받아야 하지?

많은 강사들이 직접 강연을 기획하고 많은 준비를 했을 테지만 이제 그런 시장 자체가 거의 없어져 버리는 놀라운 경험을 하게 되었을 것이다. 대세는 화상강연인 것이 분명하다.
하지만 고민이 있다. 강연료에 관한 것이다.

- 강사가 직접 오는 것도 아닌데 화상강연에 과연 강사료를 얼마나 줘야 할까? (주최 측의 고민이다.)
- 직접 가는 것도 아닌데 화상강연으로 대체 얼마를 받아야 하나? (강사의 고민이다.)

오프라인 강의 기준은 분명하다. 오랫동안 해온 것이기에 관례가 있다. 수강자 수, 장소, 예산 등에 따라 기준은 다소간 달라진다. 공공도서관, 지자체, 기업 모두 자체 기준이 있다. 한마디로 케이스 바이 케이스라고 할 수밖에 없다.
오프라인에서는 기준이 있어도 조정을 할 수가 있다. 강사들의 몸

[3-5] 실제 강연을 듣고 있는 학생의 화면

값과 강연 소요 시간, 거리와 장소 등을 종합적으로 고려하여 그때그때 강사료를 깎아 주기도 하고, 더 얹어 주기도 한다. 강사료가 부족하다면 때에 따라 강사가 강연장에서 자신의 책을 판매하기도 한다. 아니면 주최 측에서 인근 지역의 강의 하나를 더 엮어 오는 식으로 도와주기도 한다.

그러나 이 모든 기준과 조건들은 더 이상 절대적일 수 없게 되었다. 화상강연에서는 새로운 기준을 정해야 한다.

2) 교통비를 빼면 될까?

2020년 4월 20일은 장애인의 날이었다. 원래대로라면 이 무렵 장애 인식개선에 관한 강연이 쏟아져 들어온다. 각 학교와 지자체, 교육단체 등에서 부르는 것이다. 물론 예약이 잔뜩 쌓여 있었다.
하지만 코로나19로 그 모든 예약이 취소되어 좌절하고 있을 때 부산의 D초등학교에서 4월 20일에 강연을 맡아 달라는 연락이 왔다.
물론 줌을 이용한 강연이었다. 가슴이 설레었다.
강연을 준비하는 과정에서 강사료를 고민하지 않을 수 없었다. 교통비를 빼고 주면 되지 않겠냐고 제안했다. 학교 입장에서는 서울에서 부산까지 교통비 부담을 덜게 되었다며 흔쾌히 수락했다.

3) 온라인과 오프라인 강사료 비교

D초등학교의 경우를 예로 온라인 강연에 관한 대차대조표를 뽑아 보았다.
4월 22일 정확하게 통장에 319,110원이 입금되었다. 1시간 동안 강연한 강사료다. 그렇다면 과거 정상적인 부산 강연에선 얼마를 받았을까? 일반적인 경우를 보겠다.
서울에서 부산까지 가는 KTX 요금

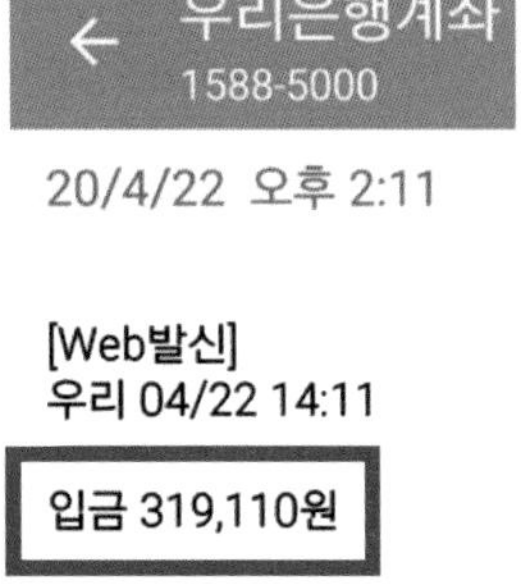

[3-6] 부산 D초등학교 강사료

은 59,800원이다. 왕복한다면 119,600원이 교통비로 들어가는 셈이다. 게다가 서울역에 자동차를 가지고 가서 주차한다면 최소 5, 6만 원의 주차 요금이 나온다. 또, 새벽같이 나와야 하기에 하루 세끼를 밖에서 해결해야 하니 식비를 3만 원으로 잡아야 한다. 총 지출비용은 대략 20만 원 남짓 나온다.

중요한 것은 오프라인 강연의 경우 소요 시간이 대략 10시간 이상 걸린다는 점이다. 서울에서 부산까지 가서 강연하는 것은 정말 큰 일이라 하지 않을 수 없다. 필자의 경우 통상적인 부산 지역의 강연료를 50만 원 내외로 받는다. 2시간 연강의 경우 그렇다. 여기서 교통비와 식대 등을 제하면 30만 원 정도가 순수하게 내 손에 들어오는 강사료가 된다.

이에 반해 D초등학교 화상강연료는 311,910원이었다. 물론 세후의 금액이다. 한마디로 차이가 별로 없는 것이다.

4) 화상강연 시 강사의 실익은?

실익을 계산해 보면 다음과 같이 정리할 수 있다.

첫 번째로 강연을 위한 총소요 시간이 절약된다. 오프라인 강의를 한다면 하루를 통으로 투자할 수밖에 없다. 10시간 이상이 소요되기 때문이다. 하지만 화상강연 시 1시간으로 단축시킬 수 있다.

두 번째로 제반 비용이 절약된다. KTX 요금도 절약될 뿐만 아니라 주차 요금이나 식사비용이 없어진다.

세 번째로 부대 활동비가 절약된다. 오프라인 강의를 나가려면 의상도 더 신경써야 할 뿐만 아니라 머리나 메이크업도 해야 하고 실물 자료, 실습 자료 등을 들고 가야 한다. 필자의 경우 선물로 주는 책이나 굿즈 등을 가지고 간다. 번거롭고 힘든 일이다. 이런 것들이 대개 생략된다.

5) 화상강연 시 주최 측의 실익은?

주최 측의 이익도 있다.

우선 강사에 대한 의전이 생략된다. 티타임과 픽업, 기념품 증정, 식사 대접이 사라진다.

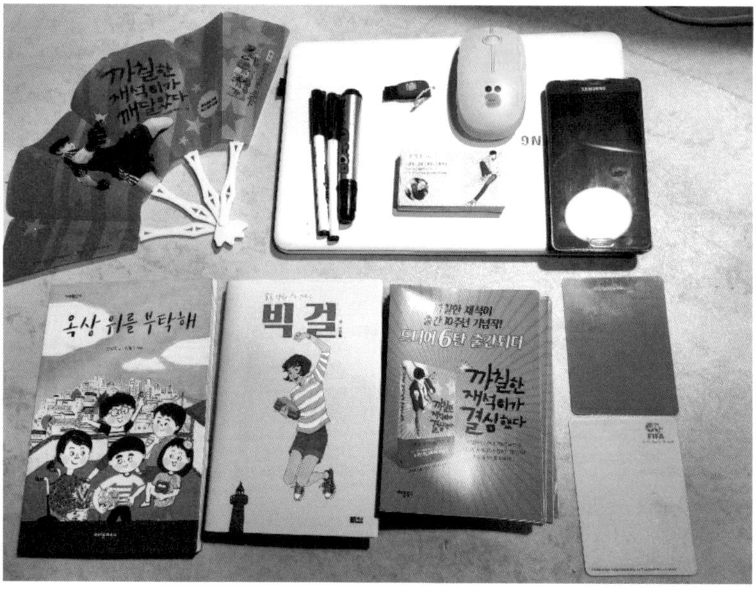

[3-7] 오프라인 강연 시 준비하는 물품

두 번째로 청중 관리가 생략된다. 보통 청중을 안내하고 축사, 공연 등의 부대행사를 진행하는데 그럴 필요가 없는 거다.
세 번째, 인원 확장이 가능하다. 온라인 강연이기에 원하는 사람들은 누구나 들을 수 있다. 학교인 경우 전교생이 들어도 아무 상관이 없다. 강사 입장에서는 오히려 많은 사람에게 자신을 알릴 수 있으니 좋은 것이다.
네 번째로는 시간 엄수를 들 수 있다. 온라인 강연이다 보니 정확하게 시간을 지킬 수 있다. 오프라인 강연의 경우 강사가 흥분해서 시간을 더 끌기도 하고, 돌발 상황으로 예정된 강연을 못 하는 경우도 있다.

6) 화상강연에 임하는 강사의 자세

대차대조표를 뽑아 본 결과 다음과 같은 이점이 있다.

1. 비교할 수 없는 가성비

다가올 시대는 화상회의와 화상강연, 화상공연의 시대이다. 시대의 변화에 올라타야만 한다. 화상강연을 잘 활용하면 하루 서너 차례의 강연을 내 집, 내 서재에서 할 수가 있다. 오프라인 강연과 비교할 수 없는 가성비다.

2. 글로벌 강사로 가는 기회

화상강연을 통해 전국적인, 아니 세계적인 강사가 될 절호의 기회가 왔다. 접속만 되면 미국이나 중국에서도 얼마든지 나의 강연을 들을 수 있다. 실시간으로 의사소통이 가능하고 유용한 피드백을 주고받을 수 있다.

3. 청중과 강사, 주최 측 모두의 이익

화상강연의 경우 오프라인 강연보다 강연료가 더 저렴해도 주최 측이나 강사 측 모두 이익일 수 있다. 이것은 더 많은 대중이 더 저렴한 비용으로 더 좋은 강연들을 만날 수 있는, 새로운 강연의 시대가 열릴 수 있다는 의미이다. 이 새로운 전성기에 절약된 시간을 강사들은 자기계발에 투자할 수 있다. 새로운 기술을 익힐 수도 있고, 더 많은 책을 읽고 공부하거나 소질을 발굴할 수 있다. 그것이 강연에 반영되어 선순환을 일으킬 수 있다.

4. 자기계발을 위한 모니터링

줌은 녹화가 가능하기에 다른 사람의 시선으로 자신의 강연을 모니터링할 수 있다. 강사들 중에는 자신의 강의가 잘못되어도 그대로 진행하다 결국은 아무도 불러 주지 않아 사라지는 경우가 많다. 녹화한 온라인 강의를 자신이 계속 모니터링한다면 점점 더 실력 있는 강사가 될 수 있다.

화상강연의 새로운 화두는 이것이다.

도태냐, 도전이냐 그것이 문제로다.

3 당장 활용하면 좋은 화상강연 노하우

1) PPT 폰트는 어느 정도가 적당할까?

오프라인 강연을 하던 사람이 화상강연을 할 때 저지르는 가장 큰 실수가 자신이 과거에 쓰던 PPT를 그대로 활용하는 것이다. 대개 현장 강연은 한쪽 벽면을 가득 채우는 대형 스크린에 PPT 자료를 띄워 주기 때문에 글자 크기가 좀 작아도 청중이 읽을 수 있다. 그러니 아무래도 PPT에 많은 정보를 담으려 애쓰는 경향들이 있게 마련이다. 하지만 화상강연은 그렇지 않다. 아무리 큰 스마트폰이라 해도 그

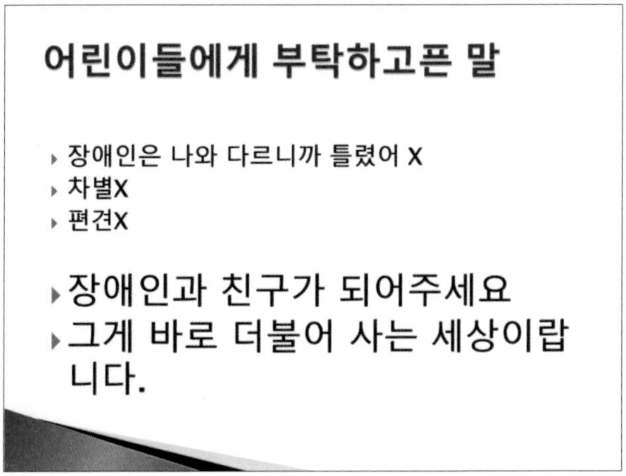

[3-8] PPT안의 글자 수는 최소한으로 하고, 글자 크기는 크게 하는 것이 좋다.

크기가 20cm를 넘기가 쉽지 않다. 오프라인에서 쓰던 자료를 그대로 쓰면 청중에 대한 배려가 아닌 것이다.
PPT는 최대한 글자 수를 줄이고 가급적 쉽게 볼 수 있도록 크고 굵은 글씨로 써 주는 것이 중요하다. 최대한 압축하고 가급적이면 화면 자료를 통하여 쉽게 이해할 수 있도록 PPT를 만들어야 한다. 글자의 크기는 25~40 정도가 적당하다. 이 정도면 작은 스마트폰에서도 공유할 때 큰 무리가 없다.
다행히 화상강연은 장점이 있다. 강사가 강연을 하거나 화면 공유를 하면 수강생 입장에서는 1:1 단독으로 보고 듣는다는 사실이다. 부족한 부분은 말로 채워 주면 된다. 말로 설명하며 행동으로 보여 주면 좋다. 공유에만 너무 의존하지 말아야 한다. 수시로 공유를 중단하고 얼굴을 보여 주며 말로 풀어 주는 것이 바람직하다.
잃는 것이 있으면 얻는 것이 있다. 과거 방식은 통하지 않는다. 기존의 PPT가 답답하게 글자가 많은 경우 과감히 정리하고 눈에 잘 띄도록 가독성에 중점을 두고 작성해 보자.

2) 조명시설이 없어도 괜찮을까?

화상강연을 보다 보면 조명에 신경 쓰는 경우가 많지 않다는 것을 알 수 있다. 대개 서재나 공부방에서 화상강연을 하거나 듣게 되는데, 우리나라의 가정에선 직접 조명인 경우가 흔하다. 당연히 천장 한가운데에서 강한 백색 조명이 비치니 수강생들의 얼굴은 역

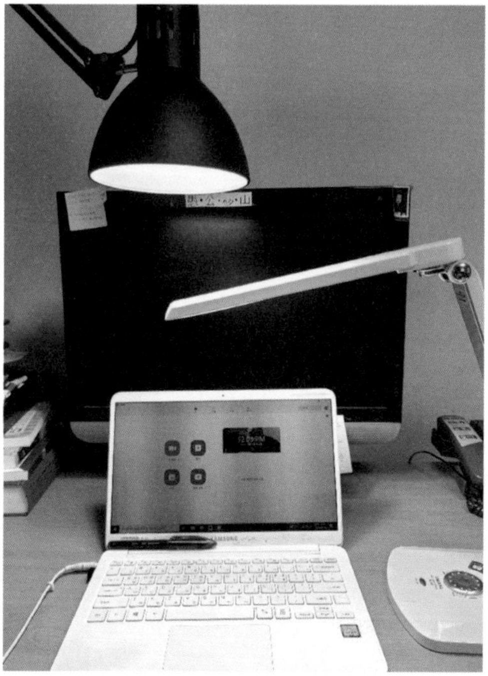

[3-9] 책상 스탠드 만으로도 충분히 효과를 볼 수 있다.

광일 경우가 많다. 시커멓게 비치는 거다.

그런데도 수강생이나 강사 모두 화상강연을 해본 적이 별로 없기 때문에 그것의 문제점을 잘 알지 못한다. 화면에 비치는 나의 모습은 상대방에게 전부이다. 다른 여지가 없다. 최대한 얼굴이 잘 보이고 표정을 잘 전달하도록 조명에 신경 써야 한다.

필자의 경우 스탠드 하나를 사용해 보았는데 얼굴에 그늘이 지는 바람에 하나를 더 구비해 좌우로 쓰게 되었다. 확실히 가정용 형광등과 달리 얼굴에 입체감이 생겨서 생생한 표정을 전달할 수 있게 됐다.

보다 전문적인 조명을 원한다면 온라인 쇼핑몰에서 링 조명을 사서 준비하는 것도 좋다. 링 조명이나 SNS용 조명을 사서 노트북이나 데스크톱의 카메라 뒷면에 설치하면 내 얼굴이 환하게 비친다. 분명 수강생들에게 더 좋은 이미지를 전달해 줄 거다.
설치해 놓고 화면을 보면서 어느 앵글이 가장 좋은지를 확인하는 것도 중요하다. 주광색과 백색, 두 종류의 빛이 나오는 스탠드를 사용하면 배경에 맞춰서 조명을 조정할 수 있다.
필자의 경우 가상 화면을 쓸 때 저녁노을 같은 장면에서는 백열전구의 노란 조명을 쓰고, 그렇지 않은 경우에는 백색 조명을 쓴다. 배경과 어울리도록 하는 것이 중요하기 때문이다. 배경사진을 수집할 때도 가급적 어떤 조명을 쓸 건지 염두에 두는 것이 좋다.

3) 분위기를 띄우는 특급 비법

객관식 퀴즈를 내는 것이 좋다. 우리나라 사람들은 객관식 퀴즈에 익숙하다. 수능이나 예비고사 같은 객관식 시험을 치르며 인생 전반을 통과해 왔기 때문이다. 퀴즈가 던져지는 순간 맞혀야 한다는 강박관념이 생기게 마련이다. 한마디로 긴장감이 생기는 거다.

퀴즈 2

▶ 장애인의 반대말은 무엇일까요?

① 정상인 ② 일반인
③ 보통 사람 ④ 비장애인

[3-10] 강연 중간의 퀴즈는 흐트러지는 집중력을 모을 수 있다.

단순한 퀴즈도 좋고 트릭을 섞어도 좋다. 필자의 경우는 보기가 전부 정답인 퀴즈를 내기도 하고 정답이 없는 퀴즈를 내기도 한다. 긴장감을 높이기 위해서다. 어려운 퀴즈를 내고 아무 대답 없어서 강사 스스로 답하는 것만큼 맥빠지는 순간도 없다.

4) 집중도를 높이기엔 경품이 최고!

필자의 경우 강연을 하러 갈 때 꼭 저서 한두 권을 가지고 간다. 그날 강연을 듣는 사람에게 주기 위함이다. 물론 내 강연에 집중하고, 질문을 잘한다거나 적극적인 태도를 보이는 청중에게 준다. 그러다 보면 경품인 책 하나 받으려고 강연 분위기가 부쩍 좋아지곤 하기 때문이다.

화상강연에서도 수강자의 태도는 볼 수 있다. 경품으로 책이나 간단한 기념품 등을 걸고 강연이 끝날 때쯤 당첨자의 주소와 전화번호를 채팅으로 물어 보내 주겠다고 하면 강연의 집중도가 무척 높아질 수 있으니 꼭 써먹어 보자.

5) 어떻게 리액션을 유도하지?

화상강연은 화면으로 수강생들을 만난다. 청중이 넋 놓고 있어도 강사는 확인할 길이 없다. 눈을 살짝 내리깔고 화면 밖에서 스마트폰을 보거나 장난을 칠 수도 있다. 화면을 응시하는 척 모니터 뒤에 있는 다른 텍스트를 볼 수도 있는 것이다. 청중 자신을 위한 강연이지만 이런 일이 벌어질 가능성은 충분하다.
이에 대한 해결책은 리액션을 유도하는 방법밖에 없다.
"내가 맞다고 생각하는 사람은 엄지척 해 주세요."
"앞으로 열심히 노력하고 싶은 사람은 머리 위로 동그라미 올려 주세요."
"두 손으로 하트 만들어서 보여 주세요."
이런 식의 액션을 유도해야 한다. 그래도 호응하지 않는 사람에게는 밉지 않게 지적이 들어가도 좋다.
"아무개 씨! 하트 보여 주세요. 다른 분들 기다리고 있습니다아~."
"전원이 하트를 만들지 않으면 계속 들고 있어야 합니당."

[3-11] 강사는 청중이 화면 너머에서 무슨 일을 하는지 알 수 없다.

이렇게 화상강연도 엄연히 여러 사람이 듣고 보는 것임을 강조하는 것이 요령이다. 이런 언급이 있으면 수강생들은 집중할 수 있다. 그리고 딴짓을 하기 어렵다. 자신이 적극 동참해야 강연이 계속 이어지기 때문이다.

강사는 카리스마를 가지고 수강생들을 제압해야 한다. 강사 스스로 자기 강의 스타일을 만들어 내고 액션을 유도하여 재미있는 강연으로 만들어 가야 한다. 레크리에이션 강사들의 유튜브 영상을 잘 연구해서 손동작을 활용한 게임을 하게 하는 것도 좋다. 손기술을 이용한 간단한 마술을 보여 주는 것도 나쁘지 않다.

6) 화상강연 시대에 꼭 챙겨야 할 저작권 개념

우리 주변에는 수없이 많은 모니터가 있다. 거실에는 텔레비전이 있으며, 개인들은 스마트폰을 가지고 있고, 패드나 노트북을 겸비한 사람도 많다. 그 화면에서 어마어마하게 재미있는 콘텐츠들이 수시로 쏟아져 나오고 있다. 내 강연이 경쟁력을 갖추려면 그런 콘텐츠들을 누를 수 있는 잘 준비된 비디오 화면을 만들어야 한다. 사진도 임팩트 있는 것이 좋은데, 강렬하면서 단순한 구도의 사진 자

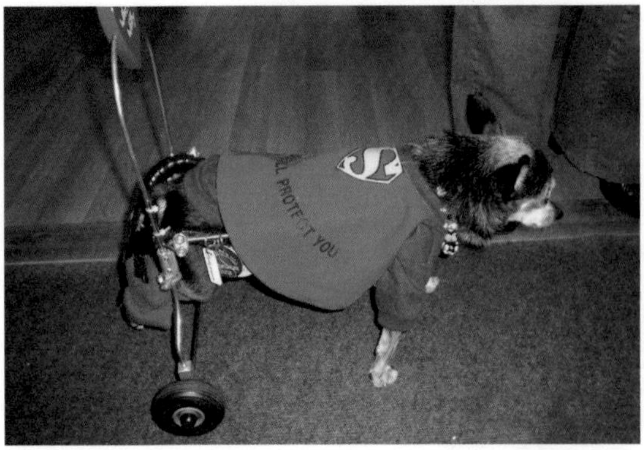

[3-12] 이미지는 강렬하면서도 이해하기 쉬운 것이 좋다.

[3-13] 온라인 강연에서 오프라인 강연과 같은 호응을 유도하려면 철저한 준비가 필요하다.

료를 준비하는 것이 좋다.

주의할 점은 저작권이다. 과거에는 현장에서 직접 청중에게 보여 주는 시각 자료의 경우 저작권을 신경 쓰지 않았다. 특히 우리나라의 경우 타인의 저작권에 대한 가치와 존재를 인정하는 문화가 희박했다.

하지만 외국의 경우 강사가 쓰는 모든 자료는 저작권이 확보된 것들만 쓰도록 규정하고 있다. 우리도 그런 시대가 왔다. 이제 강사들은 자신이 필요한 자료는 스스로 촬영하고 편집할 수 있어야 한다. 바야흐로 화상강의의 시대가 요구하는 능력이다. 자칫 잘못하여 남의 자료를 무단 도용한 증거가 남으면 빼도 박도 못하고 책임을 져야 하는 상황에 처할 수도 있다. 직접 생산해 아무 걱정 없는 자료를 보여 주는 것은 내 강의의 수준을 높이는 첩경이다.

7) 그 밖의 문제들

화상강연이나 화상회의는 아직 초기 단계이다. 앞으로 있을지 모르는 각종 문제나 미비점은 학교와 지자체, 기관과 정부가 관련된 제반 규정을 빨리 만들어야 한다. 그리하여 법규 위반 시 처벌조항이 필요하다.

또한 화면상에 보이는 사람이 수강생 본인이 맞나 확인하는 절차도 필요하다. 그리고 강의 내용이 외부에 유출되는 등의 보안 문제가 발생할 수 있다는 것도 염두에 둬야 한다. 비밀번호 사용을 권장한다.

화상의 한계를 인정하고 대책을 마련하는 자세가 중요하다. 그리고 기록의 중요성도 놓치지 말아야 한다. 문제나 돌발 상황은 언제나 발생할 수 있다. 유연하게 대처해 나가다 보면 서서히 줌을 이용한 문화나 기법이 자리를 잡을 것이다. 그때까지는 모두 조심하며, 또한 면밀히 살피며 줌을 활용해야 한다.

4 지켜야 할 화상예절

화상회의를 하다 보면 불쾌한 경우가 간혹 생긴다. 참가자들이 예절을 지키지 않기 때문이다. 직접 만나는 것이 아니라 화면으로 상대방을 보고 있기 때문에 직접 대면하는 것에 준하는 예의를 갖추기가 어렵다. 이렇게 되면 가뜩이나 직접 대면이 아니라서 오해의 소지가 큰데 예절을 어김으로써 상대방의 기분을 상하게 하는 경우가 발생한다. 화상예절을 잘 숙지하여야만 상대방에게 좋은 인상을 줄 수 있고, 내가 원하는 소기의 목적을 달성할 수 있다.

화상예절은 다음과 같은 점에 주의하면 좋겠다.

1) 얼굴의 힘을 믿어라

페이스북이 성공한 이유는 무엇일까? 쉬운 접근성, 다양한 사진과 동영상, 그리고 편리하게 친구를 맺을 수 있는 연결성 등을 들 수 있겠다. 하지만 가장 큰 장점은 친구의 얼굴을 볼 수 있다는 점이다. 페이스북 이용자들은 기본적으로 상대의 얼굴을 신뢰한다. 그 신뢰를 바탕으로 상대가 올리는 글과 사진, 동영상 등을 통해 그

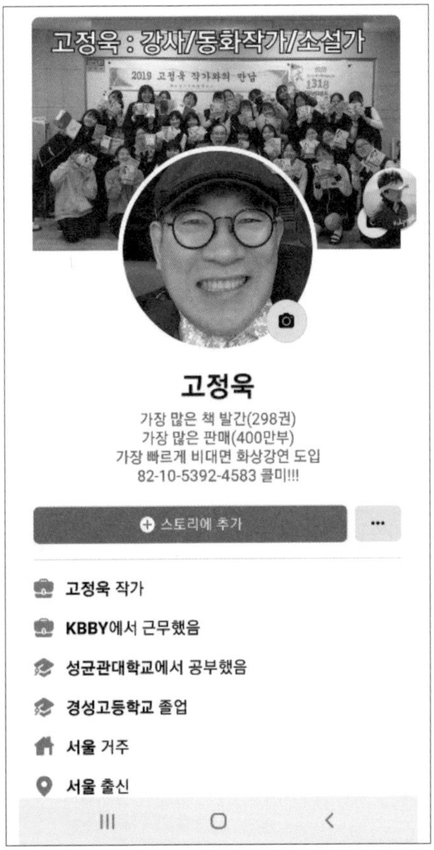

[3-14] 소통 채널의 프로필 사진은 환한 인상을 줄 수 있는 것이 좋다.

가 어떤 사람인지를 파악해 간다. 그렇기 때문에 그 어느 SNS 매체보다 강력한 힘을 가지고 새로운 소통의 장을 열었던 거다.

화상회의도 마찬가지이다. 줌을 이용한 화상수업, 화상강의, 화상강좌에선 상대방의 얼굴을 보고 싶은 만큼 내 얼굴도 잘 보여 주어야 한다. 상대방은 자신의 화면에 보이는 조그마한 내 얼굴로 나를 판단한다. 최선을 다해서 좋은 인상을 심어 주도록 노력해야 한다. 의상에도 신경을 써야 할 뿐만 아니라 조명과 메이크업도 가능한 최상의 상태를 유지하는 것이 좋다. 이것은 강사의 어두운 면을 가리려는 것이 아니라 좋은 면을 부각하기 위한 거라고 여기면 되겠다.

2) 오디오를 관리하라

화상회의는 얼굴과 목소리로 진행된다. 당연히 음성이 중요하다. 상대방에게 내 음성이 잘 전달되지 않는다면 화상 사용의 목적이 실패한다. 어떤 마이크를 쓰는 것이 가장 좋은지 연구해 보아야 한다.

마이크는 종류가 다양하다. 이어폰 마이크, 웹 마이크, 컴퓨터 내

[3-15] 정종영 동화작가. 불이 들어오는 마이크는 청중에게 신뢰감을 준다.

장 마이크 등이 있다. 여러 가지로 사용하고 써 본 뒤 좋은 거로 선택하자.

그리고 주변 환경이 정숙해야 한다. 얼마 전에 화상회의를 하는데, 대화를 나누는 사람이 갑자기 옆에 있는 사람에게 짜증을 내는 목소리가 여과 없이 그대로 생방송 된 적이 있다. 방송국에서 온에어(ON AIR) 등을 켜고 아무도 들어오지 못하게 막는 건 바로 이런 이유다. 방송사고를 막기 위해서라면 정숙한 환경에서 화상회의나 화상수업을 하는 것이 좋다. 함께 있는 구성원들에게 자신이 화상회의나 강의 중임을 알리는 것도 중요하다.

3) 군더더기를 제거하자

수많은 강연을 들어 온 지인이 있다. 그는 이제 그 강의가 어떤 수준인지 아는 데 십 초면 충분하다고 했다. 수준 낮은 강사는 마이크를 잡자마자 이렇게 말한단다.

"잘 들리세요? 뒤에 있는 분 잘 보이세요?"

이런 얘기부터 하는 강사들의 강연은 십중팔구 한심하기 이를 데가 없다는 것이다. 강의가 시작되자마자 몰두하고 빠져들게 해도 시원치 않은데, 기대하며 집중하고 있는 청중들의 주의를 강사 자신이 분산시킨다는 거다.

화상에서도 마찬가지다. "화면 잘 보이세요?", "소리 잘 들리세요?" 물어보는 순간 무슨 이야기를 하나 기대하고 있던 사람들은 김이 새 버린다. 미리 마이크 테스트를 해볼 필요가 있다. 그런 뒤에는 잘 보이고 잘 들리는 문제는 이미 내 손을 떠난 것이다. 안 보이고 안 들린다고 화면 앞에서 내가 할 수 있는 것은 아무것도 없다. 질질 끌지 말고 군더더기 없이 바로 강연을 시작하는 것이 시간도 절약하고 상대방도 배려하는 것이다.

공유를 할 때도 보이냐고 물어보는 사람이 있다. 물론 아직 줌이 익숙하지 않으니 의구심이 생기는 건 당연하다. 하지만 내 화면에 뜨는 순간 공유는 대개 모든 사람에게 잘 전달되고 있다. 전달이 잘 안 되는 경우는 상대의 와이파이나 접속 방법에 문제가 있는 것이다. 수십 수백 명의 접속을 내가 신경 쓸 수는 없다. 군더더기를 붙여서 나의 주의, 집중력을 흩어지게 해선 안 된다.

4) 강연장에서 들고날 때 필요한 예절

우리가 실제로 만날 때는 악수도 하고 인사도 하면서 여러 가지 예의를 갖춘다. 마찬가지로 화상 공간에서도 이런 예의는 필요하다. 그런 예를 갖추었을 때 우리의 화상 만남은 즐거움이 배가 될 것이다.

시간 엄수는 어디서나 중요하다

화상 만남도 역시 사람과 사람의 만남이다. 정해진 시간에 강연장이나 대기실에 들어가는 것이 중요하다. 한창 이야기가 진행 중이거나 수업하는데 뒤늦게 들어가는 건 흐름을 방해하는 행위가 될 수 있다. 다행히 줌은 와이파이만 터지면 언제 어디서나 다양한 전자기기로 접속이 가능하다. 시간을 어기지 않는 것과 대기실 사용이 화상예절의 가장 기본이다.

들어오고 나갈 때는 꼭 인사를

시간을 엄수했다 할지라도 화상 회의실에 슬그머니 들어왔다 슬그머니 나가는 행위는 예의 없는 행동이다. 누가 들어오고 누가 나갔는지 다 보이기 때문이다. 그럴 땐 말로 인사하거나 고개를 숙여 예를 갖추는 게 좋다. 작은 화면이다 보니 자신의 인사가 잘 받아들여지지 않는 경우도 있는데, 이럴 때는 비언어적으로 손짓을 해 주거나 목례를 하는 것도 괜찮다.
회의에 참여한 사람 간에 사적인 소통이 필요한 경우에는 채팅을

[3-16] 매주 일요일 저녁 8시에 진행하는 〈낯선 사람 만나기〉다. 서로 손을 흔들어 인사한다.

[3-17] 채팅창을 적절히 활용해야 흐름이 끊기지 않는다.

활용하면 된다. 채팅을 통해 그 사람에게 궁금한 것을 묻거나 할 말을 전한다. 목소리로 전체 흐름을 깨면서 회의 분위기를 흐리는 예의 없는 행동을 하지 않는 것이 중요하다.

도중에 나갈 때도 슬그머니 빠져나가거나 컴퓨터나 스마트폰을 꺼 버리면 안 된다. 예의 없는 사람으로 낙인찍히기 쉽다. 먼저 나가겠노라고 채팅으로 전체에게 메시지를 날리는 것이 중요하다. 그러면 나중에라도 인사하고 나갔다는 것을 알게 되기 때문에 실례를 조금이라도 줄일 수 있다. 화면에서 갑자기 사라져 버리면 보고 있는 사람들은 무척 신경이 쓰인다는 점을 잊지 말자.

5) 상대의 말을 경청한다

수차례의 화상강연과 화상회의를 경험해 본 결과 발언권을 얻어서 말을 하는 것이 굉장히 중요하다는 사실을 알았다. 화상회의에서 침묵은 금이고 웅변은 은이라는 것을 확실히 알게 되었다. 남의 이야기를 잘 들어 주는 자가 화상회의의 왕자다.

발언권을 얻는 방법은 회의 구성원들의 합의가 중요하다. 아직 줌 프로그램에는 발언권을 얻을 수 있는 툴이 장착되어 있지 않다. 앞으로 개선되면 좋겠다. 발언하고 싶은 사람이 어떤 키를 눌렀을 때 화면에 불이 켜진다든가 하는 식으로 말이다. 하지만 아직은

[3-18] 발언하고 싶은 사람은 발언 의사를 밝히도록 해야 진행이 수월하다.

그런 기능이 없기 때문에 발언권을 얻어야 한다. 손을 든다거나 할 말이 있다는 표시를 약속으로 정해 놓고 하는 것이 중요하다. 또한 상대방의 말을 끝까지 잘 듣는 것도 중요하다. 직접 대면을 하게 되면 상대방의 말이 이어지는지 끊어지는지, 내가 말할 차례인지 아닌지를 눈치로 때려잡을 수 있지만, 화상에서는 어렵다. 상대의 말을 끝까지 듣고 완전히 끝났는지를 확인한 다음 이야기하는 것이 좋다. 무선통신을 할 때 보면 '오버'나 '이상' 이런 식으로 자기 할 말이 끝났다는 걸 밝히듯 화상회의에서도 "이상입니다", "제 말은 여기까지입니다" 이런 식의 말꼬리를 달아 주면 다른 사람이 말할 기회가 왔음을 쉽게 알 수 있을 것 같다.

6) 용건만 간단히

화자는 최대한 일목요연하게 말하는 것이 좋다. 제한된 시간에 가상의 공간에서 만나는 것이 화상회의다. 장황하게 평소 이야기하듯 해서는 금세 상대방을 지치게 한다. 최대한 자신이 하고 싶은 말을 일목요연하게 정리하고 메모해서 이야기하는 자세가 필요하다. 화상은 여전히 비언어적인 메시지 전달에 한계가 있지만 그렇다고 노력까지 포기할 필요는 없다. 카메라를 가급적 멀리 놓고 나의 몸짓 표정이 잘 보이도록 움직여 주는 것이 좋다. 화면 가득 얼굴만 채워서는 상대방을 이해시키기 어려울 수 있다. 조금은 멀리 떨어져 손을 올린다든가 손가락을 꼽아 본다든가 여기저기를 가

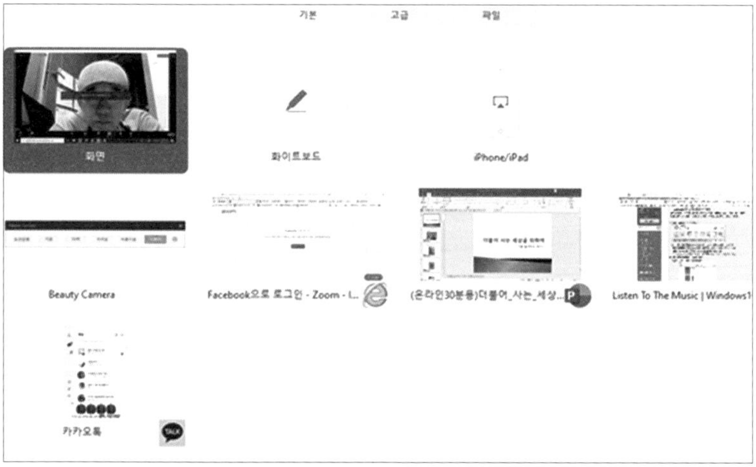

[3-19] 회의 시작 전에 필요한 파일을 미리 확인하고 준비해야 한다.

리킨다든가 해서 나의 이야기를 몸짓 표정으로 보완해 주는 것이 훌륭한 줌 사용자의 태도라 할 수 있다.

발표자에게도 주의할 예절이 있다. 공유 자료를 보여 주는 장면에서 많이 저지르는 실수다. 그것은 공유 자료를 찾느라 헤매는 것이다. 수십 명이 보고 있는데 "잠깐만요. 이게 어디 있지?" 하면서 여기저기 클릭하게 되면 참가자 모두 긴장하게 된다.

뿐만 아니라 바탕화면을 정리해 놓는 것이 좋다. 바탕화면에 민감한 정보가 담긴 파일 같은 것이 있어선 곤란하지 않은가. 누가 내 바탕화면을 보더라도 문제가 없도록 정리하는 것이 좋다. 잡다하게 많은 아이콘이 깔려 있으면 이 사람이 일을 잘 못하는 사람이라는 인상을 줄 수도 있다. 깔끔한 상태를 보여 줘야 한다. 그러기 위해 가장 좋은 방법은 공유 자료를 미리 띄워 놓고 신속히 제공하는 것이다.

또한 발표에만 목을 매는 경우가 많이 있다. 화상회의에서 발표

도중 궁금한 게 있어서 발표자에게 문자를 보내고 손짓 발짓을 해도 전혀 보지 못하고 자신의 자료를 공유하는 데만 집중하는 발표자가 많다. 비록 발표하느라 힘들겠지만, 발표자는 청중의 표정도 살피고 채팅에 어떤 질문이 올라오는지도 살펴보는 멀티플레이 능력이 요구된다.

7) 다양한 소통 채널을 열어 놓자

줌에만 너무 의존하지 말고 소통을 위해 카톡이나 페이스북 메신저 등을 동시에 켜 놓는 것이 중요하다. 다양한 소통 채널이 확보되기 때문이다. 줌을 이용한 화상 소통은 언제든지 장애가 생길

[3-20] 돌발 상황에 대비하여 스마트폰 채널을 준비했다.

수 있다. 다른 플랫폼으로 동시에 소통하면서 상대방의 애로 사항이나 어려움을 들어 주는 자세가 필요하다.

또한 화자나 청자 모두 멀티태스킹을 익혀서 채팅이나 카카오톡, 페이스북 메시지 등을 살피며 화상 모임을 전개해야 예절을 지킬 수 있다. 상대방이 자신을 무시했다거나 의사소통이 되지 않는다며 참가자들이 답답함을 호소하게 된다면 화상회의나 강의를 애써 한 의미가 사라진다 하겠다.

줌이 우리에게 보급된 지 몇 년 되지 않았다. 당연히 화상예절이나 에티켓은 규정된 게 없다. 이제부터 우리 스스로 만들어 가야 한다. 중론을 모으다 보면 자리가 잡히리라 믿는다. 매너는 인격이라는 말을 명심하길 바란다.

CHAPTER

04

화가가 죽은 왜?

정병길

1 새로운 강연 방법 모색의 필요성
2 모바일미술 화상강좌는 어떻게 할까?
3 모바일미술 온라인 강의의 놀라운 결과물
4 강의실에서 확장된 담론들
5 화가가 죽은 왜?

1. 새로운 강연 방법 모색의 필요성

코로나19 사태가 장기화하면서 정부의 방역 지침인 '사회적 거리 두기'가 일상생활에 많은 불편을 주고 있다. 그래서 '사회적 거리 두기'를 뛰어넘는 새길을 모색해야 할 필요가 강력히 대두되고 있다.

종전에는 다소 난해한 강좌는 대면으로만 가능해 강의실로의 이동이 불가피했다. 그러나 코로나19 이후 줌 등 화상 대면 프로그램의 발달과 보급은 PC나 스마트폰에 있는 자료를 자유자재로 사용해 대화할 수 있는 시대를 이끌어냈다.

모바일미술 강좌 역시 화면에 준비한 파워포인트 자료를 활용해 이론을 설명하거나 모바일그림 기법을 가르칠 수 있다. 모바일그림 앱을 열어, 그림을 시작하는 방법부터 각종 도구(Tool) 및 기능의 설명은 물론 그리기 시연 등을 자유자재로 할 수 있기 때문이다.

즉 앞부분에서 소개한 줌 사용 기능만 제대로 익히면 모바일그림 앱에 대해서도 거의 동일한 방법을 적용하면 된다. 강의실에서 강의하는 것보다 편리한 부분도 많다. 이에 앞으로 사회적 거리 두기 제한이 아니더라도 화상강좌가 일상화될 전망이 크다. 따라서 줌을 이용한 화상강좌 방식의 습득이 필수적이라 할 수 있겠다.

종전의 많은 강좌가 거의 폐강되었거나 중단되었다. 그 대안으로 화상강좌가 이루어지고 있다. 필자가 전국 최초로 중학교 자유학기제에 진출하고 있는 모바일미술 과목도 온라인 교육으로 진행하고 있다.

모바일미술은 일반 미술 분야에 비해 화상강좌와 궁합이 잘 맞는다. 디지털 기술을 기반으로 한 신 영역의 미술이기 때문이다.

모바일미술 화상강좌는 다음과 같이 몇 가지 방법으로 이루어질 수 있다. 아직 일반화되었다고 볼 수 없으며, 국내 최초의 프로(전업) 모바일화가인 필자가 처음 시도하는 것으로, 이 또한 계속 진화할 것이다.

- ○ 그림 그리는 과정을 직접 촬영하여 동영상 자료로 활용하는 방법
- ○ 강의실에서 실제 빔프로젝트를 활용하여 강의하는 장면을 촬영하고, 키네마스터 앱 등으로 재편집하여 활용하는 방법
- ○ PC와 모바일(스마트폰 또는 태블릿PC)을 활용하여 강의하면서 줌으로 기록(녹화)하고, 키네마스터 앱 등으로 재편집하여 활용하는 방법
- ○ PC 및 모바일을 이용해 줌으로 직접 화상강의하고 수강자와 상호 의사 교환하는 방법

2. 모바일미술 화상강좌는 어떻게 할까?

1) 모바일그림 그리는 작업을 직접 촬영하기

모바일화가인 강사가 모바일에 그림을 그리면서 설명한다. 그 장면을 직접 동영상으로 촬영하여 화상강좌 자료로 활용하는 방식이다. 비교적 짧은 자료는 유용하게 활용할 수 있다. 분량이 긴 자료는 촬영도 어렵고 이해하기 쉽게 전달하는 데 불편이 크다.

페이스북, 카카오톡 등에 단편적인 자료로는 활용하나, 시간이 많

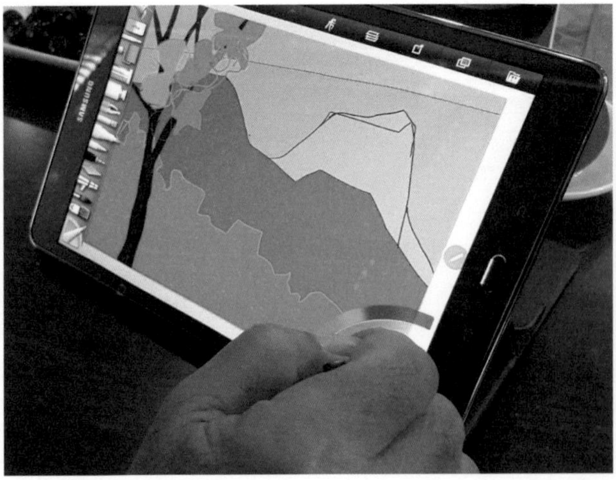

[4-1] 모바일그림을 직접 그리면서 설명

[4-2] 모바일그림을 직접 그리는 장면을 촬영

이 소요되는 강좌에서는 사용하기 어렵다. 다소 고전적인 방식이지만 폼은 난다. 여러분이 TV에 출연하게 되면, 그림 그리는 모바일에 TV 카메라를 들이대고 다소 지루한 질문과 응답을 여러 차례 반복할 것이다.

2) 실제 빔프로젝트를 활용하여 강의하는 동영상 제작 활용은?

먼저 이론 부문 강의 시 강의 자료를 파워포인트 등으로 작성한다. 이를 구글 드라이브나 드롭박스 등 클라우드 계정에 공유하면 어느 장소, 어느 기기에서든 활용이 편리하다.

그런데 강의실 빔프로젝트에 연계할 모바일에서 위와 같이 공유한 파워포인트 강의 자료가 잘 작동하는지를 확인하려면 원자료가 내장된 PC 부근에서 작동해 보아야 한다. 원자료가 내장된 PC와 모바일의 거리가 원거리 상태인 경우 작동하지 않을 수가 있기 때문이다.

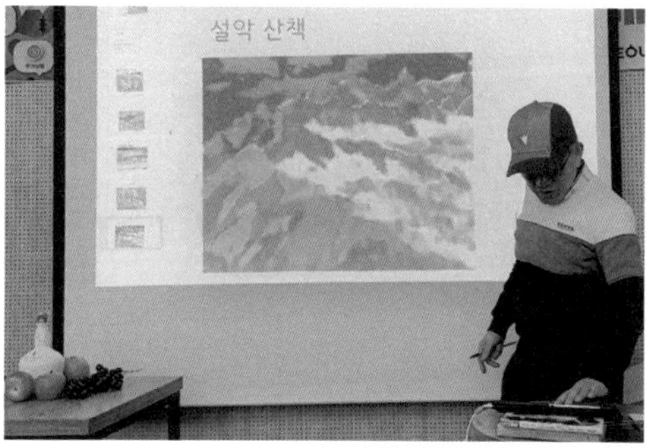

[4-3] 모바일의 구글 드라이브에 공유한 자료(위)

[4-4] 수강생이 강의실에서 경청함을 가정하고 강좌를 진행(아래)

파워포인트 자료 등은 노트북으로 사용하면 편리하나, 필자의 경우 파워포인트로 만든 이론 자료와 모바일(태블릿PC)의 그림 앱 시연 등을 수시로 오가며 강의하기 때문에,

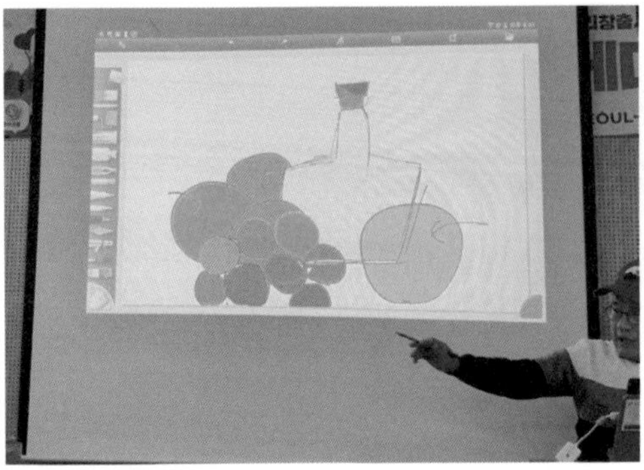

[4-5] 모바일에 그림을 그리면서 설명

[4-6] 스크린에 화면을 보면서 설명

태블릿PC 하나로 해결한다.

모바일그림 실기 강의 시 모바일에 그림을 그리면 스크린에 그대로 반영된다. 모바일미술을 강의하는 다른 방법과 비교하면 최대의 장점이다. 모바일과 스크린을 오가며 툴 사용법이나 여러 가지 확장 기능들을 설명해 나간다. 자료가 스크린에 반영되고 강사가 설명하는 모습이 오프라인 강좌와 흡사하다.

그런데 빔프로젝트가 구비된 별도의 강의실이 필요하고 강의하는 장면을 촬영하는 PD가 필요하다는 점에서 비용과 불편이 초래된다. 강사가 직접 PD를 겸할 수도 있으나 많은 불편과 오류가 따를 수 있어 번거롭다. 일부 오류 발생 시에는 같은 강의실에서 재촬영해야 하는 불편이 따른다. 물론 키네마스터 등으로 편집 시에는 자료화면으로 대체하고 음성도 대체할 수 있다.

유화, 수채화, 드로잉, 실기 등 기존 방식은 스크린에 직접 반영할 방법이 없어, 134페이지의 [4-2]사례처럼 그리는 작업을 직접 촬영하여 동영상 자료로 활용해야 한다. 모바일그림은 모바일에 그

[4-7] PD촬영으로 동영상 제작

[4-8] 강사가 PD를 겸하기도 한다.

림을 그리는 것이 그대로 반영되기 때문에 평소 강의실에서 수업하는 것과 거의 다름없다.

그러나 수강생이 없는 상태라 수강생의 반응을 알 수 없고 질의응답 없이 일방적인 강의에 그친다는 점은 한계라 할 수 있다.

3) 좀 더 편리하고 폼 나는 줌 기록(녹화)이 있다는데?

PC와 태블릿PC를 활용하여 줌으로 기록하면서 강의한다. 이것을 직접 활용할 수도 있고, 키네마스터 앱 등으로 재편집하여 활용할 수도 있다.

파워포인트 자료 등 이론 부문을 강의하면서 기록하는 방법도 있다. PC에 강의 자료가 내장된 경우 줌의 〈화면 공유〉 기능을 활용하여 기록을 유지하면서 설명하면 된다(〈화면 공유〉 기능은 1부 39페이지 참조). 노트북을 이용할 경우에는 〈비디오 시작〉 기능을 작동하면서 기록을 유지하면 [4-9]에서 보는 바와 같이 오른쪽 위에서 강사가 설명하는 장면이 나오기 때문에 훨씬 생동감이 있다. 이는 노트북

[4-9] 노트북의 <비디오 시작>과 <화면 공유> 이용

에는 기본적으로 카메라가 장착되어 있기 때문이다. PC에 웹캠을 장착하면 노트북과 같은 효과를 얻을 수 있다(〈기록〉 기능은 1부 32페이지 참조).

이때 〈기록〉 버튼을 눌렀는지를 꼭 확인해야 한다. 이를 깜빡 간과하면 장시간 재반복해야 하는 수고를 해야 한다.

회의를 종료하면 기록(녹화)된 내용은 〈내PC〉⇨〈문서〉⇨〈Zoom〉 폴더에 자동 저장되므로 이를 활용하면 된다. 처음에는 어디에 저장되어 있는지 몰라 헤매는 경우도 있는데 유념할 점이다.

모바일에서 그림 시연 설명이나 동작을 녹화할 경우 모바일에는 〈기록〉 기능이 없으므로 PC와 모바일을 연계해야 한다.

먼저 PC에서 줌 회의를 〈예약〉한다. PC에서 줌 예약된 회의를 시작한 후, PC의 줌 기록 기능을 작동시킨다. 기록을 유지하지 않으면 장시간 수고가 수포로 돌아간다는 것을 명심해야 한다.

모바일을 PC에 연계시킨 다음, 모바일에서 줌 참가 또는 초대 주소로 참가한다.

다시 PC에서 회의 참가를 수락하고 〈화면 공유〉 기능 옆 ^ 옵션에서 여러 참가자 동시 공유를 허용해야 한다. 그리고 모바일에서 〈화면 공유〉 기능을 작동하면 화면 공유를 시작할 수 있다.

이때 모바일의 〈비디오〉 기능이 중지하므로 강사의 모습이 화면에 나타나는 것이 중지된다. 노트북의 〈비디오〉 기능을 활성화하면 노트북 카메라에 촬영되는 강사의 모습이 오른쪽 위에 나타나 동시에 기록됨으로 좀 더 생동감 있는 동영상을 얻을 수 있다.

[4-10] 노트북과 모바일을 연계해 기록

[4-11] 웹캠이 없는 PC와 모바일을 연계해 기록

일반적으로 PC에는 카메라가 부착되어 있지 않으므로 강사의 모습은 촬영되지 않고 동영상에도 나타나지 않는다. 필요 시 별도 웹캠을 부착하여 사용할 수 있다.

오디오는 PC 한 곳만 사용하고 나머지는 〈음소거〉하는 것이 무난하다. 동시 사용할 경우 잡음이 생기는 경우가 있다(1부 38페이지 참조).

이제 모바일의 바탕화면에 있는 그림 앱에 시연하면 기록이 진행된다. 이때 화면 공유의 〈주석 작성〉 기능 등을 활용하면, 시선을 집중시킬 수 있는 효과를 얻을 수 있다.
시연을 마치면 화면 공유를 종료하고 회의로 돌아오면 된다. 전부 마치면 종료 후 모두에 대해 회의 종료를 한다. 회의를 종료하면 기록(녹화)된 내용은 〈내PC〉⇨〈문서〉⇨〈Zoom〉 폴더에 자동 저장되므로 이를 활용하면 된다.
이는 종전 방식과 비교해 볼 때 별도의 강의실이나 보조 인력이 소요되지 않아 시간 및 경비를 대폭 절감할 수 있다.

[4-12] 제목이나 글을 삽입(위)

[4-13] 기호나 글 등을 넣어 부연 설명 (아래)

키네마스터 등을 이용하면 동영상 화면에 제목이나 글을 삽입하여 한 편의 영화나 드라마를 만들 수 있어 유용하다. 불필요한 부분을 잘라내고 필요한 자료나 동영상을 삽입할 수 있다. 다만, 기록 화면의 용량이 크면 적정 분할(잘라내기)이 여의치 않을 수도 있으니 유념해야 한다.
음성 설명의 오류 부분도 삭제하고 정정한 음성을 삽입할 수 있어 매우 편리하다. 장면 변환 효과를 삽입하여 드라마의 극적인 흥미를 유발할 수 있다. 화면의 일부 또는 전부를 빠

른 속도의 화면으로 전환하여 지루함을 줄이고 박진감을 줄 수도 있다. 이렇게 다양한 기능을 이용하여 좀 더 생동감 있는 동영상을 만들 수 있다. 그러나 너무 과다한 보조 효과를 주면 주객이 전도될 수가 있으니 유념해야 한다.
이렇게 진일보한 동영상이지만, 일방적인 해설 형태라 수강생의 반응을 알 수 없고, 질의응답 없이 일방적인 강의에 그칠 수 있다는 점이 한계다.

4) 시공을 초월하는, 쌍방 통행 줌 화상도 가능해?

줌이 좋다는데 시간과 공간의 제약을 뛰어넘는 쌍방 통행도 가능할까? 그렇다. 일정 시간과 장소로 제한된 강의실 강의에 비해 무한대로 시간과 공간을 초월할 수 있다. 국내는 물론 해외까지도 동시에 진행할 수 있다. 거기에다 일방적인 기존 온라인 강의에 비해 쌍방 통행을 원활히 할 수 있다.
강의실 사용료, 강사 및 참가자의 이동 비용 및 시간 등 상호 경비도 대폭 절감된다. 그러나 상호 줌 기반 조성이 선행되어야 한다는 조건이 따른다. 해외 구성원이 포함되는 경우에는 지역이나 시차 문제 등도 고려해야 한다.

1:1 개인 지도의 경우, 먼저 전화나 문자로 줌에서 만날 시간을 약속하고 주최자가 줌에 〈예약〉을 하고 예약 사항을 카톡 등 SNS로

[4-14] 강사가 화면 공유한 상태

[4-15] 상대방이 화면 공유한 상태

전달한다(1부 29페이지 참조). 주최자가 회의를 시작하고, 상대방이 그 시간에 참가하면 쌍방 대화가 이루어지는 것이다.

〈화면 공유〉 기능으로 필요한 각종 자료를 실시간으로 상호 열람 교환할 수 있다. 상호 얼굴을 보며 그림을 그리고 강의 및 질의응답을 자유롭게 할 수 있다. 자유롭게 일정을 잡고 쉽게 대화를 나

누고 정보를 교환할 수 있는 것이다.

다중 회의 또는 강좌도 가능하다. 제주도를 비롯한 해외까지도 화상으로 함께 모여 강의와 질의응답을 비교적 자유롭게 할 수 있다. 다양한 정보와 의견 교환도 쉽게 가능하다.

다만, 아직 일상화되지 않은 형식이다 보니 한두 사람의 사용 미숙이나 실수가 전체에 악영향을 미칠 수 있다. 본의 아닌 소음이나 화상의 비정상 작동은, 오프라인 강의에서 고의로 수업 방해하는 것과 같은 효과를 낼 수 있는 것이다.

대화자가 다중이라는 점을 감안하여, 줌 사용 질서를 정해야 한다. 오프라인 강좌 시 통례와는 다르게 동시 발언이나 질문으로 혼선이 생겨 전체 진행이 교란된다. 따라서 줌 화상 모임 시 그에 부응하는 질서와 예절이 필요하다(3부 119페이지 참조).

강사가 강의를 원활히 수행할 수 있는 능력이 있더라도, 이에 참

[4-16] 모바일아티스트 전국 간담회. 해외(뉴질랜드)에서도 참여했다.

여할 수강자가 수용할 수 있는 기반 조성이 선행되어야 한다.

위와 같은 몇 가지 기본적인 것들만 지켜진다면 매우 유용하게 다중강좌를 진행할 수 있다. 모바일미술은 디지털을 기반으로 한 미술이고, 줌을 비롯한 화상 대면이 디지털을 기반으로 운용되기 때문에 두 요소의 최적 시너지 효과를 만들 수 있다.

3. 모바일미술 온라인 강의의 놀라운 결과물

필자는 모바일미술 강좌를 성인을 대상으로 몇 지역문화원 등에서 진행하였다. 평생교육기관에서 성인을 대상으로 한 강좌는 새로운 미술의 영역 확대에 한계를 느낄 수밖에 없었다. 큰 발전을 위해서는 학교 진출이 필수적이라고 생각했다. 그래서 2009년 전국 처음으로 서울 장충중학교(당시 교장 김보년 님)의 자유학년제와 서울 목운초등학교(당시 교장 박인화 님)의 방과후학교에 모바일미술 과목을 개설하였다.

이를 매우 관심 있게 바라본 장충중 김보년 교장께서 인근 중학교에 적극적인 홍보와 추천을 해 주셨다. 그래서 2020년 들어 장충중을 비롯하여 장원중과 금호여중에 확대 개설한 것이다. 학교에 진출할 기회가 커진 거다.

그런데 코로나19로 모든 학교가 개학을 못 하였다. 실망하지 않을 수 없었다. 그나마 다행히 대안으로 온라인 교육을 시작했다. 모바일미술은 온라인으로 진행하기에 적합하다고 판단되어 온라인 교육을 진행하고 있다.

1주에 1회 80분(2시간) 진행된다. 그런데 동영상으로 1회에 80분을 계속하면 집중도가 떨어지니, 20분 정도 두 번 나눠서 하고 복습을 할 수 있도록 하자는 담당 선생님들의 제안이 들어왔다. 그래서 각 1시간 남짓 소요되는 자료를 각 20분 정도 2회로 요약 정리하여 온라인 수업으로 진행하게 되었다.

학생들에게는 복습한 결과물을 SNS로 제출하도록 했다. 사실 부담이 컸다. 한 번도 얼굴을 보지 못한 학생들에게 온라인으로 수업을 시작하고, 그것도 동영상으로 요약해서 가르쳤으니 말이다. 그래서 좋은 결과는 거의 기대하지도 않았다.

과제물이 하나씩 들어오기 시작했다. 예상보다 훨씬 의외였다. 거의 감동할 지경이었다. 교실 수업 못지않게 다수의 학생이 첫 결과물을 제출했다. 기특하게도 진도에 맞춰 향상된 수준의 과제들을 제출한 것이다.

최근 학년별로 교대로 출석 수업이 이루어지고 있다. 상호 간 마스크를 쓰고 진행하니 동일한 유니폼을 입은 학생들을 구분할 수

[4-17] 자유학년제 모바일미술 온라인 수업 결과물(공개에 동의한 학생 작품만 실음)

가 없다. 마스크 너머의 대화와 눈빛으로 수업을 진행했다. 거리를 두면서 각각의 모바일을 확인해 보니 뜻밖에 잘 따라 하고 있었다. 성인 교육장에서는 거의 기대할 수 없는 수준이었다.

아! 요즘 아이들은 후천적으로 디지털 유전자를 만들어 가고 있구나! 놀라운 발견이다.

4. 강의실에서 확장된 담론들

1) 줌, 어떻게 활용할까?

줌, 돈 들여서 배웠는데 별 볼 일 없다고? 줌은 몇 차례 배우면 익힐 수 있어서 웬만한 소통이 가능하다. 그 자체만 가지고는 별 볼 일 없어 보여도, 몇 사람 모여 화상 모임만 하더라도 술값 정도는 절약되고, 허리 아프게 장시간 앉아 수다 떠는 것보다 건강과 시간을 챙길 수 있다. 코로나19로 인한 대책의 하나로 시작한 화상 만남이니만큼 줌을 이용해 사회적 거리 두기를 한다는 자체만으로 의미가 크다. 몇 차례만 배운다고 끝나는 것은 아니다. 모든 분야가 마찬가지로 파고들수록 깊이가 생기고 응용할 거리가 많아진다. 자신의 영역을 줌에 결합하고 응용하면 자기만의 독특한 결과물을 만들어 낼 수 있을 것이다.

2) 줌(Zoom)에 줌(나눔)을 더하라

줌, 나만 안다면 진짜 별 볼 일 없다. 내 가족부터 알아야 한다. 그래야 분가한 딸 아들 가족과도 화상회의를 할 수 있다. 다수가 알아야 함께 지식과 상품을 팔 수 있다. 같은 무리 중에서 나 혼자만 줌을 안다면 선반 위의 브리태니커와 마찬가지다.

종전에 필자에게 모바일그림을 배웠던 지인이 "모바일그림 그리는 방법을 다 까먹어서 모바일그림 특강을 다시 받고 싶다"고 전화를 했다. 줌을 먼저 배우고 나서 줌을 활용해 특강을 하는 게 좋을 거 같아 줌 전문가에게 교육을 먼저 받도록 했다.

필자도 유튜브 등 SNS에서 많은 것을 무료로 배운다. 제공하는 측에서는 크고 작은 노하우를 무료로 베풀지만, 간접 광고나 지명도를 높이는 등 효과를 얻을 것이다. 필자도 같은 이유로 정기 강좌를 이어가지만, 나만의 노하우를 수시로 SNS나 인터넷 매체에 올리는 것은 이처럼 간접적인 효과를 얻기 때문일 것이다.

3) 나만의 무엇을 줌에 실을까?

[4-18] 정소성 작가 소설 『혼혈의 땅』 표지 그림. 김문환 님의 모바일그림이다.

이미 줌 강사는 세상에 널려 있다. 자기만의 영역을 줌에 실어야 한다. 필자는 강의실에서 모바일아트를 강의하며 모처럼 상승 곡선을 타던 중에 코로나19가 터져 세상과 동반 추락했다. 그런 가운데 남들이 다소 낯설어하는 화상강의로 회생했고 지금은 줌으로 날개를 달았다.

필자의 모바일미술도 그렇다. 필자는 유화를 해오다가 모바일미술로 전업했다. 일부 화가들은 모바일그림은 영혼이 없다고 비아

냥거리지만, 난 영혼 없는 웃음으로 넘긴다. 그런데 오늘 이 부분을 집필하면서 중간중간 SNS를 보니, 모바일아티스트그룹의 회원 한 분이 자신의 모바일그림이 어느 소설 표지로 선정되었다고 단톡방에 올렸다. 그 소설은 제목만 봐도 영혼이 충만해 보이는데 표지 그림 또한 의미심장하다.

영혼을 추구하는 그 화가들은, 생존 화가 중 세계 최고의 판맷값을 자랑하는 데이비드 호크니 화백이 "아이패드를 정말 좋아한다는 사실을 고백할 수밖에 없습니다. 이것은 원하는 것을 그대로 실현해 줍니다"라고 말했다는 걸 알까? 호크니 화백의 작품을 보면서도 영혼의 가벼움이 느껴진다고 할지 의문이다. 그다지 크지 않은 그의 모바일(아이패드)그림 한 점이 4천5백만 원이라는 거액에 한국에서 낙찰된 오늘날 말이다.

근래 모바일아티스트들의 개인전 등 활동이 활발히 이루어지고 있는 가운데, 모바일그림이 표지화로 뜨기도 하고, 여기저기서 회자하고 있다. 모바일미술의 시대를 알리는 신호로 여겨진다.

공자의 말씀을 상기해 본다.

> '어떤 것을 아는 사람은 그것을 좋아하는 사람만 못하고, 좋아하는 사람은 즐기는 사람만 못하다. (知之者不如好之者, 好之者不如樂之者)'

이 말씀을 새겨 본다면 내가 즐거워야 내 영혼도 즐겁지 않을까?

작가이자 마케팅의 달인 세스 고딘은 《보랏빛 소가 온다》에서 '안전한 길이 위험하다'며 여태 즐긴 누런 소가 아닌 보랏빛 소를 만드는 길만이 살길이라고 설파했다. 이제 나만의 빛깔을 가진 소를 만들어 가야 하지 않을까?

4. 화가가 줌은 왜?

필자는 국내 최초로 모바일에 그림을 그리고 모바일 그림전을 연 프로 모바일아티스트다. 농협에서 30년 근무했고 퇴직 후 자유인이 되고자 그림 공부와 글쓰기 공부를 시작했다.

2010년 드디어 자유인의 길로 들어섰다. 퇴직 후 전 직장에서 2~3년 주어지는 일자리는 아예 관심을 두지도 않았다. '어차피 새길로 가야지' 2~3년 더 단맛에 취하면 뭐하나' 각오 한번 당찼다. 새벽부터 책을 읽으며 밤중까지 글을 썼다. 피곤하지 않고 재미있었다. 1년 만에 책이 나왔다. 『내 아이, 이웃과 함께 더 큰 세상으로』라는 수필집이었다. 주변에서 잘 썼다는 찬사도 받고 3쇄 출간도 됐지만 더 이상 진전이 없었다.

유화 개인전도 열고 두 번째 책도 발간했다. 그러나 갈수록 내리막길로 갔다. 세상이 예상과는 달랐다. 변해도 너무 변한 것이다. 세상은 커졌으나 다수가 살기 어렵다고 한다. 좋든 싫든 100세까지 살라고 하면서 돈도 예술도 양극화되었다. 『이젠 아빠를 부탁해라』. 두 번째 책이 나왔다. 이 책의 홍보를 위하여 페이스북이나 유튜브 등 SNS를 배우려는 차에 맥아더스쿨 정은상 교장을 만났다. 2013년 여름이다.

모바일에 좋은 그림 앱이 있다고 소개받고 흥미를 느껴 바로 아이패드를 사 들고 그림을 그려 봤다. 좀 더 깊이 배우고 싶었다. 주위를 둘러보고 검색해 봐도 배울 데가 없었다. 독학으로 열공했다. 필자를 지도한 정은상 교장도 신기해할 정도로 나름 도사가 됐다. 도움을 받아 가며 강좌를 열어갔다.

2014년 모바일미술 개인전을 열었다. 고양시 강강술래 늘봄농원 점 넓은 정원 가득하게 50여 점의 그림을 전시한 것이다. 국내 최초의 모바일미술 개인전이었다. 지인 화가들을 포함한 관객들로부터 큰 관심과 호평을 받았다. 신문, 잡지, TV 인터뷰 요청이 오고, 기사와 방송이 이어졌다. 아이패드화가라는 칭호를 얻으며 국내 최초의 프로 모바일아티스트가 된 것이다.

모바일미술 개인전 12회, 모바일미술 그룹전 주관 10여 차례의 경력을 쌓으며 다양한 활동을 이어갔다. 도중에 삼성전자의 펜업(삼성전자의 그림공유 SNS) 팀을 만나 한 단계 업그레이드되었다. '갤럭시화가', 'K1스마트화가'라는 예명을 가지고 모바일화가의 길을 가고 있다.

지역문화원에서 성인을 대상으로 모바일미술 강좌를 열고, 서울 목운초등학교 방과후수업, 장충중학교와 장원중학교, 금호여중학교의 자유학년제 등 다양하게 학교 미술로 진출을 시도했다.

미술의 신 영역인 모바일그림으로 자리를 잡았다 했는데, 느닷없이 코로나19를 만나 도로 백수로 추락했다. 그러다가 중학교 수업이 온라인 수업으로 개학함에 따라, 모바일미술도 온라인 강의로 회생하고, 줌으로 날개를 달아간다.

코로나19가 예상보다 쉽게 사그라들지 않고 있다. 많은 전문가가 앞으로 이러한 사태가 반복될 것으로 예견한다. 이제 미술 분야에서도 화상 대면은 모바일화가뿐만 아니라 많은 화가에게 생존을 위한 화상 대면이 필수인 시대가 되었다.

부록

웹엑스(Webex) 사용자를 위한 팁

웹엑스(Webex) 사용자를 위한 팁

부록

웹엑스(Webex) 사용자를 위한 팁

줌과 함께 화상회의를 위해 많이 사용되고 있는 서비스가 시스코(Cisco) 웹엑스이다.

줌이 보안상의 문제로 논란을 일으키자 국공립 도서관을 비롯한 정부 기관은 웹엑스를 선호하고 있다. 교사, 강사나 전문가라면 필히 웹엑스도 익혀서 주최 측의 요구에 즉각 부응할 수 있어야 한다.

웹엑스는 줌과 매우 유사하다. 아래 몇 가지만 이해하면 줌을 사용하듯 웹엑스도 무리 없이 사용할 수 있다.

줌에 대한 책을 쓴 이유는 여러 가지 유사한 서비스 중에서 줌이 최근 사용자들의 사랑을 가장 많이 받고 있으며, 〈공유〉 기능을 포함해서 웬만한 내용을 모두 갖추고 있기 때문이다. 그러므로 줌을 제대로 이해하고 나면 웹엑스나 다른 서비스를 사용하는 데 큰 불편이 없을 것이다.

줌에서는 '회의'와 '참가'라는 용어를 사용하는데 웹엑스는 '미팅'과 '참여'라는 용어를 사용한다. 같은 단어인데 서로 구분하기 위해 번역하면서 일부러 다르게 사용한 것으로 보인다.

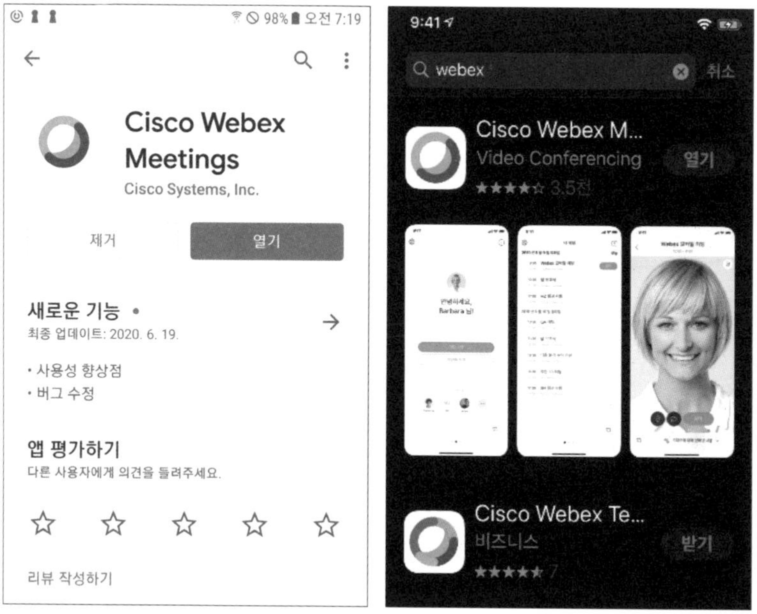

[부록-1] 웹엑스 어플

① 웹엑스 미팅 앱 설치하기

스마트폰 구글 플레이스토어와 애플 앱스토어에서 'Cisco Webex Meetings'를 설치한다. 노트북이나 데스크톱에서도 다운로드할 수 있다.

② 미팅 참여하기

웹엑스에서도 초대 링크를 눌러 참가하는 방식은 줌과 동일하지만, ID를 이용해 참가하는 경우에는 조금 다르다. 줌은 ID와 비밀번호로 참가하지만 웹엑스는 ID와 비밀번호 그리고 '이메일 주소'를 함께 사용해야 한다. 이 점이 좀 더 번거롭지만 보안의 측면에서는 참을 수밖에 없다.

[부록-2] 웹엑스도 링크로 참여가 가능하다.

③ 초대 링크 주소로 참여하기

[부록-3] 웹엑스 로그인 시에는 이메일 주소가 필요하다.

④ 회원 가입하기

이메일 주소를 입력하면 확인하라는 화면이 나온다. 이후 비밀번호를 입력하면 회원 가입된다.

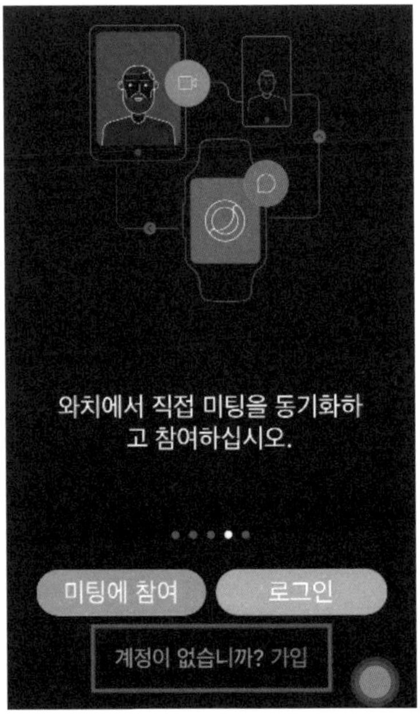

[부록-4] 웹엑스 회원 가입 절차

⑤ 요금제 확인하기

무료 회원일 때 줌은 40분까지, 웹엑스는 50분까지 사용 가능하다. 유료 회원으로 업그레이드하는 비용은 줌이 월 15달러, 웹엑스가 월 16달러 정도로 거의 비슷하다.

[부록-5] 줌과 동일하게 이메일로 확인 절차를 진행한다.(위)

[부록-6] 웹엑스 요금제 정보(아래)

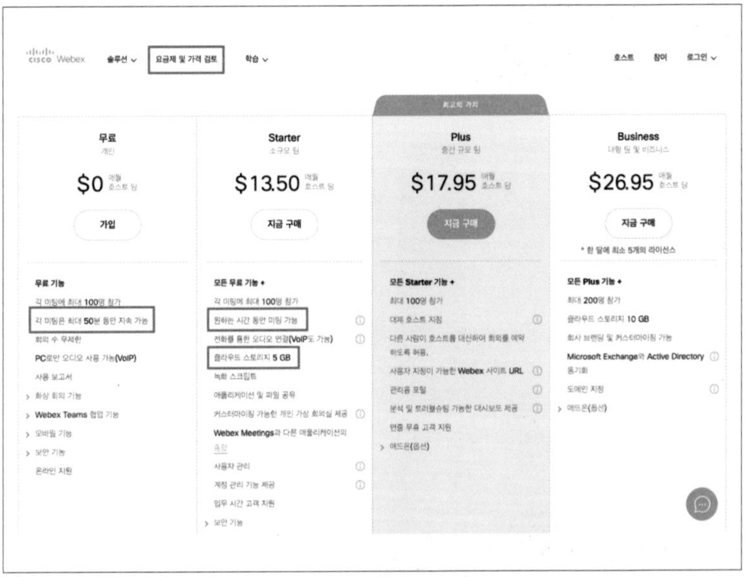

⑥ 미팅 시작하기

미팅을 시작하면 모든 명령어는 줌과 동일하게 화면 하단에 나온다. 좌로부터 〈마이크〉, 〈비디오〉, 〈화면 공유〉, 〈녹화〉, 〈참가자〉, 〈채팅〉 기능이다. 나머지는 줌과 거의 동일하다고 보면 무방하다. 한 가지만 덧붙이면 엡엑스에는 미팅 개최자가 사용할 수 있는 〈메모〉 기능이 있다.

줌이건 웹엑스건 처음엔 낯설고 서툴 수밖에 없다. 그러나 교사나 강사 입장에서는 이를 익히고 능숙하게 사용하는 것이 살길이다. 거북하고 어렵다고 멀리하기엔 코로나19가 우리 삶에 너무 가까이 와 버렸다. 친한 교사나 강사끼리, 정기적으로 화상 모임을 가지면서 숙달하는 수밖에 없다. 일찍 일어나는 새가 많은 벌레를 잡는 법이다.

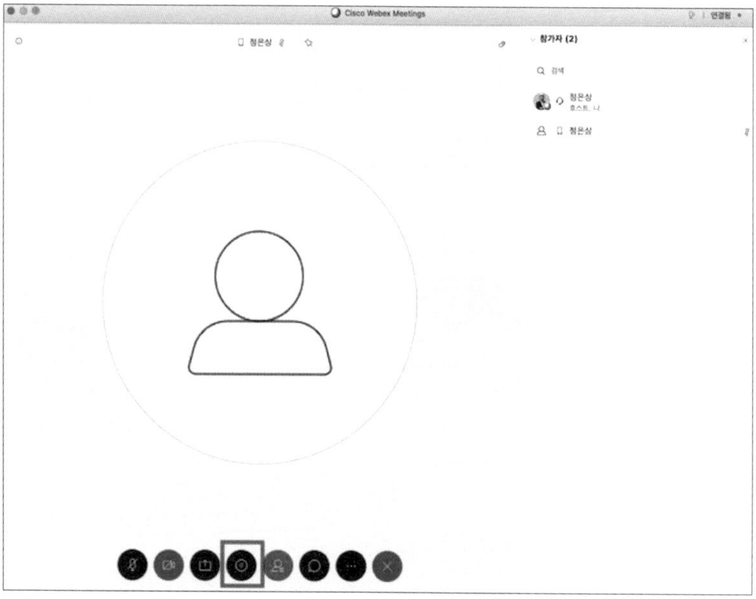

[부록-7] 웹엑스 미팅 화면 인터페이스

[부록-8] 줌과 웹엑스 실사용 비교

	줌	웹엑스
무료	참가자는 회원 가입 없이 참가 가능 3~100명까지 40분 제한	참가자는 회원 가입 없이 참가 가능 3~100명까지 50분 제한
유료	교육기관 계정은 코로나19 상황 동안 무료 사용 가능 클라우드 1GB 제공	클라우드 5GB 제공(주로 컴퓨터에 저장하면 큰 의미가 없다)
초대 참여	초대 링크, 아이디+비밀번호(유료 회원은 비밀번호 생략 가능)	초대 링크, 아이디+비밀번호+이메일 주소
접속자 수	100명이 넘으면 프로 계정에서 500명과 1,000명까지 확장하는 유료 옵션이 있다.	100명 이상이면 영업팀과 상의해야 한다.
장점	서버가 안정적이다. 가상 배경을 지원한다. 소회의실 기능이 있다.	무료 사용자도 녹화할 수 있다.
단점	보안에 다소 취약하다.	서버가 다소 불안하다. 줌에 비해 편의성은 떨어진다.
화질, 오디오	화질보다 음질이 더 좋다.	음질보다 화질이 더 좋다.
사용자를 위한 결론	사용하기 편하며, 화질은 웹엑스에 비해 조금 떨어지지만, 서버가 안정적이다. 보안에 민감하지 않은 일반 사용자에게 편리하다.	보안이 필요한 정부 기관이나 기업에서는 웹엑스를 선호한다.

감사의 말

줌유격대 집필진 네 사람은 코로나19로 인한 팬데믹이 선포되었을 때 이 사태가 오래 갈 것을 예감했습니다. 절박한 마음으로 줌유격대를 결성하여 매일 새벽 화상회의를 시행했습니다. 숙달되고 나서 보니 줌이야말로 다가올 미래의 대안이라는 점을 느끼지 않을 수 없었습니다.

줌을 보급하기 위해 수차례 원데이 캠프를 개최하였고, 뜻을 같이 하는 선도적 교사나 강사들의 참여로 매번 정원을 넘겨 마감할 수 있었습니다. 줌에 대한 습득 욕구는 이렇게 많지만 제대로 된 교육 기관이나 변변한 책자가 없다는 사실도 깨달았습니다. 패닉에 빠져 있는 사람들의 답답함을 풀어주고자 저희는 용단을 내렸습니다. 그 결과가 바로 이 책 〈줌을 알려줌〉입니다.

이 책은 결코 저희 줌유격대 단독으로 만든 것이 아닙니다. 사용한 경험을 알려주거나, 캠프에 참여하고 매주 일요일 저녁 8시에 개최되는 '낯선 사람 만나기' 줌 미팅에 동참한 수많은 지인들의 도움이 있었습니다. 자신들이 사용하면서 느낀 문제점과 의문점,

그리고 해결방안을 모으고 모아서 줌유격대가 정리한 책이라고 하는 것이 진실에 가깝습니다.

이처럼 따로 또 같이, 서로를 위하고 아끼며 손잡고 나아간다면 그 어떤 어려움도 이겨낼 수 있으리라는 확신을 우리는 이번 사태에서 큰 교훈으로 얻었습니다. 이에 도움 주신 분들의 이름을 기록으로나마 지면에 남깁니다. 훗날 눈 밝은 현인이 절망의 한 가운데에서도 한 줄기 희망의 빛을 만들어간 깨어 있는 사람들이 여기 있었노라고 평가하리라 믿어 의심치 않습니다. 머리 숙여 감사를 드립니다.

줌유격대 : 고정욱 김원배 정병길 정은상

집필에 도움을 주신 분들께 감사드립니다

강미, 강성민, 고수향, 권성자, 권유라, 김남제, 김명수, 김문환, 김보년, 김복덕, 김상숙, 김영란, 김영리, 김영민, 김영애, 김용구, 김용우, 김재익, 김정수, 김정순, 김준기, 김준호, 김현식, 김현정, 김효경, 노수미, 도상철, 류효정, 맹철영, 미긍주혜, 민경호, 박경혜, 박보영, 박삼식, 박성균, 박성재, 박용기, 박원옥, 박인숙, 박인화, 박혜정, 방동주, 배정원, 백승석, 백종환, 서화정, 성기석, 성순임, 송기성, 신원건, 심우경, 안계환, 안선형, 안이문, 오창섭, 윤기경, 윤영호, 윤은경, 이경원, 이계윤, 이나금, 이보라, 이상미, 이성엽, 이수경, 이옥주, 이정숙, 이정자, 이종진, 이한규, 이향연, 이효성, 이후정, 임은경, 임현주, 장종희, 전경무, 정광숙, 정소성, 정원석, 정종영, 조기훈, 조미영, 조봉현, 조용식, 주은미, 천기덕, 최성홍, 최승원, 최용균, 최창수, 최현상, 하정화, 한광식, 한혜정, 현유순, 홍성만, 황경하, 황우상

Special thanks to. 유장휴

화상수업, 강연을 위한

줌을 알려줌

초판 1쇄 인쇄 2020년 08월 18일
초판 1쇄 발행 2020년 08월 28일

지은이 고정욱, 김원배, 정병길, 정은상
펴낸이 이범상
펴낸곳 (주)비전비엔피 · 비전코리아

기획 편집 이경원 차재호 김승희 김연희 황서연 김태은
디자인 최원영 이상재 한우리
마케팅 한상철 이성호 최은석 전상미
전자책 김성화 김희정 이병준
관리 이다정

주소 우)04034 서울시 마포구 잔다리로7길 12 (서교동)
전화 02)338-2411 | **팩스** 02)338-2413
홈페이지 www.visionbp.co.kr
인스타그램 www.instagram.com/visioncorea
포스트 post.naver.com/visioncorea
이메일 visioncorea@naver.com
원고투고 editor@visionbp.co.kr

등록번호 제313-2005-224호

ISBN 978-89-6322-170-0 13320

• 값은 뒤표지에 있습니다.
• 잘못된 책은 구입하신 서점에서 바꿔드립니다.

이 도서의 국립중앙도서관 출판시도서목록(CIP)은 서지정보유통지원시스템 홈페이지(http://seoji.nl.go.kr)와 국가자료공동목록시스템(http://www.nl.go.kr/kolisnet)에서 이용하실 수 있습니다.(CIP제어번호: CIP2020032937)